6시간 15분 철학 강의

비톨트 곰브로비치의

6시간 15분
철학 강의

Cours de
philosophie
en six heures
un quart

비톨트 곰브로비치 지음   김용석 옮김

신북스

일러두기

1. 이 책은 다음의 원서를 우리말로 옮긴 것이다. Witold Gombrowic, *Cours de philosophie en six heures un quart*, Paris: Éditions Payot & Rivages, 2017.

   『6시간 15분 철학 강의』(이하 『철학 강의』)는 1969년 4월 7일부터 5월 25일까지 진행되었다. 1904년 8월 4일에 태어난 곰브로비치는 1969년 7월 24일에 사망했다.

2. 곰브로비치의 『철학 강의』 본문에는 모두 6개의 각주가 있으며, 이것은 (원주)로 표기했고, 나머지 각주는 모두 (옮긴이 주)로 표기하였다.

   프란체스코 M. 카탈루치오의 「해제」에서 45개의 각주는 모두 (원주)로 표기했고, 옮긴이의 각주는 (옮긴이 주)로 표기하였다.

3. 책 제목이나 외래어 이외에, 원서에서 이텔릭체로 혹은 대문자와 따옴표로 강조한 단어는 굵은 서체로 표기하였다.

'실존주의의 계보학' 수형도(樹形圖)*

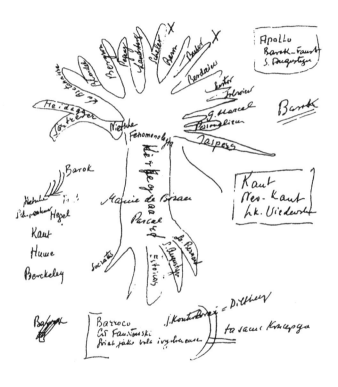

* 곰브로비치가 구상한 철학자 이름을 적은 수형도로 키르케고르가 나무의
  몸통 부분에 해당한다. (옮긴이 주)

차례

첫 번째 강의

칸트

근대적 사유의 시초.

그것은 데카르트[1]라고 말할 수도 있겠다.(17세기 초)

데카르트의 단 하나의 중요한 관념 : 절대적 의심.[2]

---

1 René Decartes(1596~1650). 데카르트는 '절대적 의심'을 통해 의심의 여지가 없는 철학 원칙, 즉 "나는 생각한다. 고로 존재한다.(Je pense, donc je suis)"라는 명제를 도출했다. 이는 데카르트 철학의 첫 번째 원리이며, 그의 철학 탐구는 바로 이 명제에서 시작된다. 하지만 '고로 나는 존재한다'라는 문장 때문에 이 명제를 존재론에 대한 증명이나 추론으로 이해해서는 안 된다. 이 명제는 사유의 주체인 '나'는 의심하고 긍정 또는 부정하고 있는 주체로서, 나의 존재는 내 영혼의 존재를 의미하기 때문에 인식론적인 명제이다. 데카르트 덕분에 철학계는 인식론으로의 위대한 전환이 시작되었다고 평가받는다. 다시 말해서 '근대적 사유의 시작'이란 '근대적 인식론'의 시작이며, '합리론 철학'의 시작을 의미한다. – 옮긴이 주

2 Le doute absolu. "내가 모든 사물이 허상이 아닌지 의심할 때 그 의심의 주체인 '나'는 확실하게 실제로 존재한다."라는 '방법적 회의'로 자신의 존재를 증명하는데, 이때 모든 사물을 다 의심해도 '내가 의심하고 있다'는 사실 자체는 의심의 여지가 없게 된다. 데카르트는 '절대적 의심'을 통해 '나'를 증명하고, 비단 구체적인 사물에 대한 의심만이 아니라 '신', '세계'에 대한 증명으로 나아간다. – 옮긴이 주

여기서 합리론[3]이 시작한다. 그것은 이성이 어찌할 수 없이 하나의 관념을 인정하게 되는 순간에 이르기까지 모든 것을 절대적 의심에 맡기는 것이다.

(후설 현상학의 토대)

- 주체sujet : 생각하는 나.

- 대상objet : 오페라글라스, 테이블.

- 대상에 대한 관념이 내 의식ma conscience 속에서 생성된다.

데카르트는 이 세 가지 지식의 계기(요소)들을 (다음과 같은 문장으로) 단순화한다.

나는 그것이 내 의식 속에 있지만 현실 세계와 부합하지 않는다는 것을 확신한다. 예를 들어, 반인반마半人半馬 켄타우로스 같은 것.

철저한 의심. 세계를 의심하고, 세계에 대한 판단을 중지하기

   1. 대상.

   2. 대상과 관련된 모든 것.

유일하게 확실한 것은 그것들이 **내 의식 속에 존재한다**는 것이다.

---

3 Rationalisme. 합리론은 합리주의, 이성주의라고도 한다. – 옮긴이 주

다음에 대한 판단을 중지하기 :

신에 대한 관념.

실체(현실 세계)[4]와 관련된 (소위 객관적인) 과학들 : 사회학, 심리학. 하지만 추상적인 과학은 제외한다.

수학과 논리학. 이 학문들은 외부 세계와 관련이 없기 때문이다. 그렇지만 그것들은 내 고유한 의식을 위한 법칙들이다.

데카르트의 커다란 오류, 즉 (후설이 사용한 용어로는) 데카르트의 우회란 무엇인가? 데카르트는 자신의 관념들로 인해 야기될 끔찍한 결과들이 두려웠다. 그래서 그는 신의 객관적 실체를, 다시 말해서 (신의 창조물로서의) 세계의 객관적 실체를 보여 주려고 시도한다. 데카르트의 두려움은

---

4 Réalité는 한국 철학계에서 한결같이 '실재성', 혹은 '실재'라고 번역한다. 실재(實在)라는 단어로 '실제로 존재함'을 의미한다. 문제는 '실재'가 실제로 사용하는 우리말이 아닌 옛 일본 사람이 만든 번역어이며, 그 의미를 추측할 수는 있어도 우리가 평범하게 사용하는 한국어는 아니다. 기본적으로 réalité(영어로는 reality)는 '실제 세계에서 현실화되는 것'이므로 '감각적으로 확인할 수 있는 사실성'이라는 의미를 갖고 있으며, 그래서 이 책에서는 '실체'로 옮겼다. 문맥에 따라서는 '진짜 현실' 정도의 의미로 옮긴 부분도 있다. 철학을 다루는 글이니 그 세계에서 주로 사용되는 용어를 알고 사용해야 하겠지만, 일반 독자의 입장에서는 평범하게 '현실(성)', '사실(성)', '현실의 세계', '현실의 삶' 등으로 이해하는 것이 오히려 득이 될 수 있겠다. 그리고 substance을 국내 철학계에서는 '본질'이 아닌 '실체'로 번역한다. 그런데 substance를 '본질'로 옮기면 이때 réalité를 '실체'로 옮길 수 있게 된다. - 옮긴이 주

사르트르의 두려움과 닮았다. 그렇게, 데카르트의 모든 후기 철학은 변질되었다. 데카르트의 저서에서 중요한 것은 『방법 서설le Discours de la méthode』이다. 즉 **대상을 제거하는 것**, 이것이 데카르트의 위대한 관념이다.

철학은 의식을 근본적인 것으로 다루기 시작한다. 단 하나의 대상만 있는 완전한 어둠을 상상해 보라. 만일 이 대상이 자신의 실존을 감지할 수 있는 의식을 발견하지 못한다면, 그 대상은 존재하지 않는다.

단일한 의식이 아니라, 일반적인 의미에서의 **의식**. (예를 들면 뇌와 같은 것 등에 대한 의식.)

개에 대한.

근대적 사유의 선구자 데카르트에 대한.

칸트에 대한.

(시골청년) 버클리에 대한.

흄에 대한.

칸트에 대한.

특히 뉴턴에 대한.

데카르트에 대한.

칸트는 과학적으로 조직된 합리적(이성적) 지식에 근거한다. 뉴턴에게서 영향 받은 것이다.

저서 : 『순수이성비판Critique de la raison pure』, 『실천이성

비판Critique de la raison pratique』.

칸트가 내놓은 위대한 것 : 『순수이성비판』[5]

그것은 순수 이성에 대한 비판과 관련된 것이 아니다. 우리는 우리의 고유한 의식을 판단하고 싶어 한다. **의식에 의해 판단된 의식.** 예를 들면, 우리는 철학적 추론(연역)을 통해 신의 존재(실존)를 확신할 수 있는가?

이런 질문들 : 우리는 자신의 의식에 대해 어디까지 확신할 수 있는가? 자신의 의식은 어디까지 진짜일 수 있는가?

『순수이성비판』에서 칸트의 추론은, 비록 모호한 방식으로 표현되었지만, 다음과 같다.

우리는 세계에 대해 알고 있는 모든 것을 판단을 통해 표현한다.

예를 들면, '나는 존재한다라.'는 문장과 다음과 같은 조건적 판단 문장, 즉 '내가 도미니크[6]를 한 번 차면, 그는 두 번 찰 것이다.'

그것이 바로 인과성의 관계다.

판단은 분석적이거나 종합적이다.

---

5 칸트 철학에서 순수는 매우 중요한 용어다. 지식의 내용은 경험적인 것이다. 그러나 지식에는 형식 부분이 있고, 내용을 배제한 후 형식만을 탐구하려면 결국 경험적이지 않은, 경험이 개입하지 않는 것을 탐구해야 한다. 그런 것을 일컬어 순수라고 부른다. - 옮긴이 주

6 Dominique de Roux와 관련된 것이다. (원주)

분석적 판단은 분석에서 기인한 판단이다. 다시 말해 하나의 전체를 핵심 부분들로 분해하는 것이다. 칸트는 분석적 판단이 우리의 지식에 아무것도 추가하지 않는다고 말한다. 왜냐하면 그 분석적 판단은 정의(定義)의 한 요소를 부각하기 때문이다.

이를테면 사람에 대한 정의에서 살아 있는 존재(생명체), 포유류 등등. '**살아 있는**'이라는 개념을 선택하는 것은 인간이 생명체이기 때문이다. 그 이유는? 분해가 있기 때문이다. 여기에는 어떤 개념에서 도출한 개념이 있다. 즉 정의에서 끌어낸 하나의 요소가 있다.

종합적 판단. 이는 다른 접근 방식이다. 즉 무언가를 추가한다. 그 때문에 종합적 판단은 세계에 대한 우리의 지식을 풍요롭게 한다.

종합적 판단이 **선험적**(아프리오리a priori : 모든 경험과 무관한)[7] 가치가 있는 것은 아니다.

종합적 판단은 **사후적**이다. 즉 경험에 기반한다.

예를 들면, 물은 특정 온도에 도달할 때 끓는다.

우리 지식을 풍요롭게 하기. 세계에 관한 우리 이해에 있

---

7 칸트 철학을 대표하는 이 개념어는 라틴어에서 유래된 단어로 '경험과는 독립적인, 경험에 앞서는, 비(非) 경험적인, 경험과 무관한'이라는 뜻이다. - 옮긴이 주

어서 완전히 새로운 현상.

(그렇다고 해서) **사후적 판단**이 늘 타당한 것은 아니다. 예를 들면, 만 번째 시도에서 물이 끓는다는 그 어떤 보장도 없다.

칸트는 정확함을 추구한다. 그는 실체를 꽉 움켜쥔다. 확고한 **정신**이다.

그런데도 실체에 뭔가를 추가하면서 동시에 우리가 그 무오류성을 확신할 수 있는 **선험적 종합 판단**이 있다. (이것이) 뉴턴에게서 받은 영향이다.

예를 들면, 작용은 반작용과 같다.

우리가 그것(작용-반작용 법칙)을 발견한 순간부터, 우리는 **그것이 항상 그러하다**는 확신을 갖는다.

예를 들면, 직선은 한 점과 다른 점을 잇는 가장 짧은 거리이다.

그런데 아인슈타인에게 한 점과 다른 점을 잇는 최단 거리는 곡선이다. 하지만 이것은 아무것도 바꾸지 못한다. 왜냐하면 그것은 뉴턴의 실체와는 다른 실체이기 때문이다. 만일 여러분이 뉴턴의 모든 전제를 받아들인다면, 뉴턴의 법칙은 그것이 그의 실체와 관련될 때는 절대적인 것이다.

(그런데) - 우리의 지식을 증가시키는- 선험적이고 모든 인류에게 절대적이며 유효한 종합적 판단들이 있다.

따라서 칸트 철학의 모든 문제는 다음과 같은 단 하나의 질문, 즉 '종합적 판단이 어떻게 선험적일 수 있는가?'라는 질문에 있다.

칸트가 이 질문을 하는 이유는 그러한 종합적 판단이 우연적 혹은 경험에 근거하지도 않으면서, 그럼에도 불구하고 우리의 지식을 풍부하게 해 주기 때문이다. 종합적인 것은 곧 영원한 새로움을 초래한다.

칸트는

『순수이성비판』 세 개의 장에서

세 가지 분석을

수행한다.

하지만 이것은 이성, 다시 말해 체계적인 지식과 관련된 것이기 때문에, 모든 것은 종합적 지식에 기반해야 한다.

선험적 종합(다시 말해서 영원한) 판단을 표명하는 것은 다름 아닌 과학이다.

제1장 : 초월적 미학(감수성)[8]

(초경험적이란 자아 외부의 어떤 것을 의미한다.)[9]

이 미학은 수학적 의미로 사용된다.

수학 : 형식과 관계에 대한 과학

이 제1장에서는, 수학에서 어떻게 선험적 종합 판단이 가능한가?(를 분석한다.)

제2장 : 초월적 분석

(여기서는) **물리학**에서의 판단을 다룬다. 우리가 사물들에 관해 알고 있는 모든 것(행동, 반응들), 이 모든 것이 물리학의 대상이다.

이것은 사물들에 대한 과학이다.

---

8 Esthétique transcendantale. 일반적으로 transcendantal(e)이라는 형용사는 '초월적'을 의미하지만, 국내 칸트 철학에서는 '선험적'으로 이해되어 왔다. 하지만 a priori(선험적)라는 개념과의 혼돈을 피하고자 transcendantal을 '초월적'으로 옮겨야 한다는 주장도 있다. 그리고 transcendent의 경우에도 보통은 '초험적'으로 옮겨져 왔지만 '초경험적'이라는 따옴말을 주장하기도 한다. 이 책에서는 transcendantal(e)을 '초월적'이라고 옮겼고, 간혹 '선험적'이라고 옮기기도 했다. 문제는 '미학'에도 존재한다. esthétique는 미학의 의미로 사용되며, 한국 철학계에서는 '감성학', '감성론'으로 옮긴다. 칸트가 'Aesthetic'이라는 단어에 직접 단 주석을 보면(칸트, 『순수이성비판』 A21) 감성학이나 감성론이 아닌 감수성으로 번역하는 것이 더 나은 선택이라는 주장도 가능하다. 하지만 이 책에서는 '감수성'이라는 단어를 염두에 두면서도 '미학'으로 옮겼다.– 옮긴이 주

9 '초경험적'의 원문은 'transcendant'인데, 여기서 곰브로비치는 transcendantale이라는 단어를 transcendant으로 잘못 적은 것으로 보인다. 바로 위 문장의 '초월적'이라는 개념에 대한 부가 설명이기 때문이다. – 옮긴이 주

제3장 : 초월적 변증법.

여기서 칸트는 신의 존재 문제와 같은 형이상학적 문제들을 다룬다.

칸트와 함께 사유의 위대한 환원(축소)이 시작되고, 이 과정이 오늘날까지 지속되고 있다.

처음으로, 의식은 다음과 같은 질문을 제기한다. 의식의 (이성의) 한계는 무엇인가?

칸트의 위대한 타격. 그는 모든 것을 전복시킨 강력한 아이디어를 가지고 있었다.

질문 : 선험적 종합판단은 어떻게 가능한가?

답변 : 선험적 종합판단은 일반적으로, 그렇기 때문에 초월적 미학 속에서, 가능하다. **왜냐하면 시간과 공간은 사물의 속성이 아니라 주체의 속성이기 때문이다.**

우리에게 어떤 사물이 존재하기 위해서는, 우리가 그것에 시간과 공간을 주입해야만 한다.

그런데 여기서 칸트의 추론은 단순하다.

그는 (이렇게) 말한다. "세 가지 이유에서, 공간은 우리 외부의 객관적 세계 속에 존재하는 것이 아니라 우리 의식의 통합된 부분이다."

첫 번째 논증. 공간은 경험에서 비롯되는 것이 **아니라 모든 경험의 필연적인 조건**이다. 공간은 대상이 아니라 대상의 존재 조건이다. 공간은 경험의 결과가 아니다.

두 번째 논증. 공간은 연역에 의해 획득된 개념이 아니다.[10] 공간은 대상이 아니기 때문에 우리는 그것을 구체적인 것으로 이해할 수 없다. 공간은 순수 직관이다. 다시 말해 공간은 사물이 아니라 사물의 조건이다. 왜냐하면 우리가 공간을 우리 자신 속에 가지고 있기 때문이다.

세 번째 논증 [보다 정확히 말해 (논리적) 귀결]. 공간에 대한 직관은 우리의 **선험적 종합판단**의 필연적인 조건이다. 바로 이 점이 사물들에 객관적 현실을 부여하는 것이다.

그렇지 않으면, 그것들(사물들)은 단지 인상들에 불과할 뿐이다. (데카르트와 가까움)

예를 들면 공간 속 건축물에 근거를 두고 있는 기하학은 경험에 기반하고 있는 것은 아니지만, [원문 불완전함][11] ~이기 때문에 유효하다.(기반이 있다.)[12]

---

10 연역 : 일반에서 특정으로. 귀납 : 개별에서 일반으로. - 옮긴이 주
11 이 책의 프랑스어 원문 텍스트에는 몇몇 곳에 불완전한 문장들이 있음을 알려 주고 있다. - 옮긴이 주
12 Valable을 '유효하다', '가치가 있다'로 이해할 수도 있으며, 문맥상 '근거가 있다', '기반이 있다'라고 이해할 수도 있다. - 옮긴이 주

결론

우리는 칸트의 **선험적 종합판단**이 실제로는 **분석적 판단이라는** 것을 증명했다.

(그런데) 이 아름다운 구조물은 와르르 무너진다.

그러니 순수 이성의 범주들에 대한 칸트의 관념도 마찬가지로 무너질 것이다.

이것이 모든 철학이 처한 신세다. 어떤 시스템도 지속하지 못한다. 헤겔이 멋지게 말하게 될 것처럼, 앞으로 나아가고 있는 인간의 의식은 철학을 통해서 스스로 발견한다.

철학을 공부해야 하는지 말아야 하는지를 묻는 것은 있을 수 없는 일이다. 우리는 철학을 한다. 왜냐하면 그것이 의무적인 것이기 때문이다.[13] 이는 불가항력이다. 우리의 의식은 질문을 던진다. 때문에 우리는 그 질문을 해결하려고 노력해야 한다. 철학은 마땅한 어떤 것이다.

18세기에 가장 심오한 세계관은 무엇이었던가? 우리는 그것을 칸트에게서 찾을 수 있다. 칸트가 없었다면 여러 세기에 걸친 의식의 발달을 아는 것이 불가능했을 것이다. 문

---

13 Nous faisons de la philosophie car c'est obligatoire. 원문의 obligagoire라는 형용사의 뜻을 괄호에 3개나 더 병기한 것은 그만큼 '철학하다'라는 철학의 동사적 행위의 의미를 전달하기 위한 강조이다. "철학은 해야 하기 때문에 우리는 철학을 한다."로 옮길 수도 있겠다. – 옮긴이 주

화에 대한 총체적인 관점을 갖추기 위해서 철학이 필요하다. 이것은 작가들에게 중요하다.

철학은 우리가 문화를 조직하고, 질서를 도입하고, 자신을 발견하고, 지성적인 자신감을 획득하는 것을 약속한다.

두 번째 강의

칸트 : 범주(카테고리)

두 가지 요소는 외부 실체에 속하지 않지만 우리가 대상에 투입한 것들로서, 이 요소들은 공간과 시간이다.

공간은 대상이 아니라 모든 가능한 대상의 조건이다.

시간에 대해서도 추론은 동일하다.

시간이란 우리가 경험할 수 있는 사물은 아니지만 모든 사물은 시간 속에 존재한다.

우리는 현상 없는 시간을 아주 잘 상상할 수 있지만 시간 없는 어떤 현상을 상상하는 것은 불가능하다.

공간에 대해서도 논증은 동일하다.

우리는 다른 시간을 (테이블, 의자와 같은 대상들처럼) 상상할 수 없다. 시간은 늘 동일하고, 외부 세계에 대한 우리의 관찰에서 비롯되는 것이 아니라 직접적인 직관, 직관적인 지식, 다시 말하자면 즉각적인 지식이다.

시간은 산술에서 **선험적** 종합판단을 허용하는 것이라는 점을 덧붙여야 한다. 외부 세계에 대해 우리가 갖는 인상들은 차례차례 이어진다. 이것이 1-2-3-4와 같은 (순서의) 산술이다. 이것이 연속이다.

선험적 종합판단은 시간 속에서 실현되기 때문에 경험을 견지한다. 마찬가지로 수학에 속하는 모든 판단은 경험을 견지하는 **선험적 종합판단**이다.

초월적 분석

물리학은 우리가 세계에 대해 알고 있는 모든 것을 통합하기 때문에 초월적 분석은 물리적 과학들을 대상으로 한다.

반복하자면, 칸트는 의식에 대해서는 그다지 말하지 않지만 순수 이성[14]에 대해서는 이야기한다.

이유가 무엇일까?

그 이유는 과학에서 드러나는 체계적이고 이성적인 지식과 관련되기 때문이다. 이 점에서 우리는 코페르니쿠스의 혁명과 흡사한, 너무나 아름다운 칸트적 영감에 도달한다. 코페르니쿠스가 태양을 멈춰 세우고 지구를 움직이게 했던

---

14 칸트는 이 순수 이성 혹은 순수 지성이 바로 '범주'라고 생각한다. - 옮긴이 주

것처럼, 칸트는 **대상과 주체의 상호상대성만이** 실체를 형성할 수 있다는 것을 보여 준다. 대상이 시간과 공간 속에서 실체를 생성하기 위해서는 의식에 의해 포착되어야 한다. (뉴턴) 물리학에서, 우리는 선험적 사물들과 관련된 직접적인 지식을 갖는다.

한 예로 우리는 모든 현상이 인과 법칙을 따른다는 것을, 혹은 예를 들어 작용은 반작용과 같다는 뉴턴의 그 유명한 법칙을 언제나 단언할 수 있다. [원문 불완전함].

다시 말하면, 물리학에서 선험적 종합판단은 어떻게 하면 가능할까?

칸트의 위대한 일격. 다시 말해 사물과 관련된 우리의 지식은 **판단으로**[15] 표현된다.

칸트는 (그의 시대에는 유효했던) 아리스토텔레스의 논리학에 따라 판단을 분류한다.

---

15 서양 철학의 한 분야인 논리학은 통상 파르메니데스의 서사시 「자연에 관하여On the nature」에 쓰인 "있음은 있음이요 없음은 있을 수 없다"라는 일종의 동일률에서 시작한다고 알려져 있다. 논리학은 사람들의 생각이 어떻게 언어로 표현되는지 그 형식을 탐구하는 학문이다. 생각은 하나의 사건이다. 이것은 생각의 대상을 마주 보면서 그 대상을 판단하는 사건이다. 그러므로 논리학에서 생각이란 판단하는 사건이다. 판단이란 무엇일까? 철학자들은 판단이란 주어와 술어의 연결이라고 보았다. 그리하여 모든 판단은 문장이다. 그것을 철학자들은 명제라 칭했다. 명제에서 주어와 술어는 단어로 이루어지고, 그 단어를 일컬어 개념이라고 했다. 생각이라는 사건에서 우리는 여러 가지 동의어

아리스토텔레스의 판단들[16]은 다음과 같이 분류될 수 있다.

1. 양量의 범주.

예를 들면, '단일 판단'[17]은 단 하나의 현상과 관련된다. 하지만 만일 당신이 '어떤 남자들은 백인이다.'라는 판단을 말한다면, 이때 당신은 '개별 판단'[18]을 표현하게 된다.

우리는 또한 모든 사람은 죽는다는 판단을 표현할 수도 있다.[19] (이때 우리는 '보편 판단'을 표현하게 된다.- 옮긴이)[20]

_____

를 얻을 수 있다. 생각이란 판단이며 앎이며 인식이다. 또한 표현의 관점에서 생각이란 명제이며 문장이다. 그런데 명제는 주어와 술어의 연결 규칙이다. 사고력은 판단력이며 인식 능력이며 규칙 능력이자 그 규칙을 만들어 내는 개념의 어휘력이다. 결국 생각이란 문장을 분석하는 사건이 되는 것이다. - 옮긴이 주

16 아리스토텔레스 이후 오랫동안 전승된 논리학의 지식을 칸트가 정리한 이 12개의 일반논리학의 판단 유형에 대한 소위 한국 철학계의 번역은 일본 학자들이 19세기에 한자어로 번역했던 것을 그대로 답습하고 있고, 이는 다음과 같다. 분량: 전칭/특칭/단칭, 성질: 긍정/부정/무한, 관계: 정언/가언/선언, 양상: 개연/실연/필연. 두 번째 강의 제목에 붙인 각주에 제시된 칸트의 12개 범주 소개와 비교하면 단어 사용에 있어 확연한 차이가 보인다. - 옮긴이 주

17 한국 철학계에서는 소위 '단칭 판단(singular judgement)'이라고 부른다. - 옮긴이 주

18 한국 철학계에서는 소위 '특칭 판단(particular judgement)'이라고 부른다. - 옮긴이 주

19 한국 철학계에서는 소위 '전칭 판단(universal judgement)'이라고 부른다. - 옮긴이 주

2. 질質의 범주.

긍정 판단 A

부정 판단 B

무한 판단 C

(C는 무한한 판단에 이른다. 예: 물고기는 새가 아니다.)

칸트의 발견은 각각의 판단들에서 하나의 범주(카테고리)를 연역하는 -추출하는- 것으로 이루어진다.

예를 들면,

A. 긍정 판단 : "당신은 프랑스인이다."(단일 범주).

B. 개별 판단 : "어떤 사람은 죽는다."(복수 범주).

C. 보편 판단 : "모든 사람은 죽는다."(집합의 범주인 전체 범주).

의식은 근본적인 것이다.

대상-주체 : (오직) 이것뿐이다.

1. 의식은 어떤 메커니즘일 수도 없고, 부분으로 분해할
   수도 없다. 왜냐하면 의식은 부분을 가지고 있지 않기

---

20 '양'의 범주를 다시 정리하자면 '칸트는 독일인이다.' (단일 판단), '어떤 독일인은 정직하다.' (개별 판단), '모든 독일인은 정직하다.' (보편 판단)라는 문장 형식으로 표현할 수 있다. 앞 문장들은 차례로 하나의 주어만, 주어 앞에 '어떤'이라는 수식어, 주어 앞에 '모든'이라는 수식어가 붙어 있다. - 옮긴이 주

때문이다. 의식은 전체이다.

2. 의식은 과학에 따라 조건 지어질 수 없다. 의식 그 자체가 과학을 허용하는 것이다. 하지만 과학은 우리에게 의식에 대한 어떤 것을 설명해 줄 수 없다.

의식, 그것은 뇌도 아니고 몸도 아니다. 왜냐하면 나는 뇌를 의식하지만 뇌는 의식을 가진 존재일 수 없기 때문이다.

(그렇다고) 의식을 어떤 유기체 혹은 어떤 동물로 상상하지 않도록 주의하자.

과학과 철학 사이에는 중요한 경계가 있다. 과학은 경험으로 방법론과 법칙을 정립한다. 그러나 과학은 현상들의 세계 속에서만 유효하다. 과학은 우리에게 사물들 사이의 관계를 제시할 수는 있지만, 사물들의 본질에 관한 직접적인 인식을 주지는 않는다.

겉으로 보기에는, '의식이 근본적인 요소라면 그 의식이 어떻게 범주들을 가질 수 있을까?'와 같은 문제 때문에 모순이 존재한다. 우리는 어떻게 의식을 과학적으로 분석된 메커니즘처럼 나눌 수 있을까?

카테고리들, 즉 판단들은 의식에 속할 수 없다.

칸트의 저작에서, 의식은 스스로 의식 그 자체를 판단한다. 칸트의 근본적인 문제는 이렇다. 세계에 대한 우리의

지식이 어떻게 가능한가? 우리 의식의 한계를 깨닫는 것은 다름이 아니라 정확하게 우리의 의식이다. 이 지점에서, 우리는 첫 번째 의식을 판단하는 다른 의식을 만들어 내기 위해서 한 걸음 물러나는 것을 상상해 볼 수 있다. 이 경우 세 번째 의식이 두 번째 의식을 판단해야 한다. 등등. (첫 번째 의식, 두 번째 의식, 세 번째 의식을 상정하고 있는 후설)

(그런데) 의식은 판단자가 될 수 없다. 의식이란 (알랭[21]의 정의에 따르면), **우리가 안다는 것을 아는 것**[22]이며 그뿐이다. 그런데 이 정의조차도 부정확하다. 왜냐하면 이 정의는 의식을 나누고 있기 때문이다. 의식은 나눌 수 없고 무조건적이다. 철학에서는, 진실을 말하자면 그 무엇도 말할 수 없다.

칸트의 범주들은 무엇인가?

그것은 의식을 가능하게 하는 조건들인가?

칸트에게는 (내가 보기에) 다음과 같은 과정이 있다. 즉 의식은 한 걸음 물러선 다른 의식에 의해서 판단된다. 이것은 단지 두 번째 의식에 대한 첫 번째 의식의 조건들은 무엇인가를 설정하는 것과 관련된 것이다.

---

21 Alain(1868~1951). 본명은 에밀오귀스트 샤르티에(Emile-Auguste Chartier)로 프랑스의 철학자, 교육자이다. - 옮긴이 주

22 La conscience, c'est savoir qu'on sait - 옮긴이 주

이것은 단지 첫 번째 의식이 그 요소들 없이도 생각될 수 있도록 하기 위해서는 두 번째 의식을 위한 필연적인 조건들이 무엇인가를 아는 것과 관련된 것이다. 의식은 우리로서는 상상하는 것이 불가능하다.

칸트의 범주들은 주체에게는 대상에 대한 인식자가 되는 조건이다. 하지만 이 조건들은 하나의 절대적 의미를 가질 수 없다. 이 범주들은 우리에게 실체에 대한 모든 판단 조건처럼 보인다.

(그러므로) (시간에 대해서처럼) 모든 범주가 우리 속에 있다고 말해야 한다. 범주들을 주입함으로써 실체를 포착할 수 있는 것은 다름 아닌 바로 우리 자신이다.

칸트의 이 아름다운 이론들에서는 아무것도 남아 있지 않다. 심지어 조건 (가정) 판단[23]에서 유래한,

예를 들어,

만일 내가…

그러므로 내가…와 같은

가장 중요한 범주도 남아 있지 않다.

하지만 이제 철학은 다른 것에 몰두한다. 그 다른 것이란 형식적이지만 중요한 발견들이었다. 왜냐하면 그 발견들이 의식에 대한, 주체-대상 관계에 대한, 따라서 인간과 세계

에 관한 이해를 완전히 혁신시켰기 때문이다.

---

23 칸트의 12개 범주 중에서 '관계'에 속하는 범주로서, 한국 철학계에서
는 소위 '가언 판단(hypothetical judgement)'이라 부른다. 주어와 술
어 사이에 어떤 조건이나 가정이 붙어 있다. 관계에 속하는 다른 2개
의 판단으로는, 한국 철학계에서는 각각 소위 '정언 판단(caegorical
judgement)'과 '선언 판단(disjunctive judgement)'이 있다. 이 마지
막 2개의 판단을 쉽게 이해할 수 있는 단어로 제시하자면 각각 '무
조건(혹은 절대) 판단(jugement catégorique)'과 '선택 판단(jugement
disjonctif)'이라고 할 수 있겠다. 즉 어떤 조건도 붙지 않는 문장이 바
로 '무조건 판단'이고, 다른 하나는 "이 나라 사람은 기독교도'이거나'
불교도이다"와 같이 선언(選言)할 수 있는 – 선언(宣言)이 아니라 –, 즉
선택할 수 있는 사실상 2개의 판단이 접속사로 연결된 명제이기에 '선
택 판단'이라고 할 수 있다. – 옮긴이 주

세 번째 강의

칸트

『순수이성비판』의 제3부

종합적[24]…

…형이상학적 판단의 가능성

형이상학적이란 정신, 세계, **신**처럼 물리적인 것이 아닌 모든 것.

위 세 가지 요소는 (의자와 같은) 직접적인 '지각'이 아니라, 종합이다. 그런데 모든 **인상의 종합**, 그것이 바로 정신이다. 왜냐하면 인간에게 모든 인상을 자기 것으로 만드는 것이 다름 아닌 바로 그의 자아(정신)이기 때문이다. 정신이 감지를 받아들이는 것이다.

---

24 Synthétique. 여러 가지를 연결하거나 한데 모아서 합한다는 뜻으로, '형식적인 단어'로 받아들여야 한다. 즉 '내용적인 의미'까지 포함하여 이해하지 말아야 한다. 즉 '그 단어는 이것과 저것을 연결하여 결합한다는 형식적인 의미만 있다.'는 정도의 의미와 같은 것으로 생각하자. '종합 판단', '연결 판단', 혹은 '합성 판단' 정도로 이해하자. – 옮긴이 주

두 번째 종합, 다시 말해 **세계의 종합**은 모든 사물(만물, 삼라만상)의 종합이다. 그런데 정신 개념에 대한 비판은 우리의 모든 감지가 시간 속에 있지만 정신은 시간 속에 있지 않다는 것을 증명하는 것으로 이루어진다. 정신은 불멸한다.[25]

이렇게 해서 칸트는 우주, 다시 말해 세계의 개념으로 옮긴다. 그리고 순수 이성에는 서로 모순되어 상호배제하는 네 가지 이율배반[26]이 있음을 보여 준다.

첫 번째 이율배반. 세계는 시간에서는 시작이 있고 공간에서는 한계가 있다. 그런데 이런 말은 터무니없다. 왜냐하면 (사물들의) 세계 전체가 끝나도 우리는 여전히 공간과 시간을 가지고 있기 때문이다. 하지만 세계는 모든 것의 종합이기 때문에 어떤 제한된 전체로 제한할 수 없다. 이 지점에서, 사

---

25 L'âme est immortelle. 우리는 l'âme의 우리말 번역어를 '정신'이라고 적고 있다. 영어 단어로는 soul에 해당할 것이다. 칸트의 『순수이성비판』 후반부의 큰 주제 중 하나가 바로 'Immortality of soul'의 문제다. 그런데 우리 철학계는 '영혼의 불멸성'으로 번역한다. 한국인들이 죽은 다음의 정신을 '영혼'이라고 일컫기도 하기 때문에, '영혼의 불멸성'은 여기서 원문의 메시지를 잘 담는 번역이기는 하다. 하지만 우리는 '불멸의 정신'이라는 표현이 자연스럽게 사용되는 것처럼, '정신의 불멸성'이라는 의미로 옮겼다. - 옮긴이 주

26 칸트 철학에서 순수 이성 법칙 사이의 이율배반. 일반적으로 두 법이나 원칙 사이의 모순, 논리적 모순이나 불일치를 칸트 철학 용어에서는 '이율배반'이라고 부르는 것이겠다. - 옮긴이 주

물들을(만사萬事를) 명백한 것들로(자명한 이치들로) 한정시키는 어떤 철학적 사유를 생각해 보아야 한다.

두 번째 이율배반. 우주는 나눌 수 있는 요소들과 나눌 수 없는 요소들로 동시에 이루어져 있다. 우리는 이 이율배반을 사물의 한계라고 부를 수 있을 법한 어떤 것으로 환원할 수 있다. 사물은 (또는 대상은) 그것이 하나의 사물이 되기 위해서는 반드시 제한되어야만 한다. 이런 이유로 인해 시간과 공간은 사물로 간주될 수 없다. 그렇기는 하지만, 사물의 개념이 충만함을 갖추기 위해서는 반드시 시간과 공간을 끼워 넣어야 한다. 왜냐하면 코스모스란 절대적으로 존재하는 모든 것을 의미하기 때문이다. 여기서 우리는 모순을 보게 된다. 왜냐하면 코스모스는, 모든 것을 절대적으로 포괄하기 위해서는 공간과 시간 속에서 무한해야 하기 때문이다. 여러분이 가진 어떤 대상의 경우에도 마찬가지다. 여러분은 그 대상을 무한히 나눌 수 있다. 그것에는 제한이 없다. 따라서 대상 관념은 어떤 모순을 내포하고 있다. 그 이유는 제한된 동시에 제한되어서는 안 되기 때문이다.

세 번째 이율배반. 코스모스의 개념에 대한 이율배반. 우리에게 코스모스는 하나의 원인을 가지고 있어야 한다. 왜냐하면 [원문 불완전함] 내부적으로 모순된 관념.

네 번째 이율배반. 신은 우리를 위해서 존재해야 하며, 이와 동시에 **신은 존재할 수 없다.** 칸트는 여기서 신 존재를 증명하기 위해서 세 가지 신학적 논증을 열거한다. 그런데, [원문 불완전함].

첫 번째 논증 : 존재론적 논증. 존재론적이란 존재와 관련된 모든 것을 의미한다. 우리는 완전한 어떤 존재로서의 신에 대한 어떤 관념을 가지고 있다. 그런데 어떤 완전한 존재가 완전함을 갖기 위해서는 마찬가지로 또한 존재하다라는 자질(속성)도 가져야만 한다. 이 논증은 내가 보기에는 너무도 궤변처럼 보인다. 칸트는 존재의 범주가 직관(지각)이라고 말하고 있다. 그런데, 신은 지각될 수 없다.

두 번째 논증 : 우주론적 논증. 세상은 어떤 원인을 가지고 있어야 한다. 왜냐하면, 인과의 범주에 따르면 모든 각 사물은 원인을 가지고 있기 때문이다. 만일 그러하다면 **신**도 마찬가지로 원인을 가지고 있어야 한다.

세 번째 논증 : 목적론적논증. 텔로스는 목적을 의미한다. 세계에 존재하는 모든 것은 어떤 목적을 가져야 하며, 신의 작품이어야 한다. 그러나 만일 신이 목적론적이라면, 이때 신 자체도 어떤 목적을 위해서 창조되었어야 할 것이다.

칸트는 형이상학의 오류들은 형이상학이 경험의 한계들 밖에서 수행하는 것에서, 그리고 그 형이상학이 범주들을 사용하는 것에서 기인한다고 강조한다.

우리는 『순수이성비판』의 마지막 명제에 도달한다. 칸트는 우리의 이성이 그가 누멘[27]이라고 부르는 것을 알아내기에는 충분하지 않다는 것을 보여 준다. 예를 들어, 만일 여러분이 어떤 물체를 보면, 그것이 특정한 방식으로 만들어진 흰색 물체라는 인상을 받는다. 하지만 모든 것이 달라지기 위해서는 노란 안경을 쓰는 것만으로 충분하다. 같은 물체를 보고 있지만 3차원이 아니라 2차원으로 그것을 보고 있는 개미 한 마리를 상상해 보라. 이때 개미 혹은 안경을 쓴 사람에게는 물체가 달라질 것이다.

---

27 Numen(누멘): 신령, 신, 수호신. noumenon(누메논): 본체, 물자체, 실체. 칸트가 말한 '물자체'는 '어떻게 하더라도 우리가 완전한 본질을 알 수 없는 사물 자체를 일컫는 것'. 자세하게 언급하자면, 지성이 감각의 한계를 벗어나, 즉 현상을 벗어나, ① 사물 그 자체의 본질이 이러하다거나 저러하다고 스스로 생각해 내는 것과, ② 지성이 관념 속에서 생각해 내는 것을 일컬어 누메논이라고 한다. ①은 흔히 '물자체'로 칭해지는 현상과 비교되는 누메논이요, ②는 직관을 거치지 않으므로 현상이 없고 순전히 인간 정신이 생각해 낸 누메논이다. ①은 '사물 그 자체'를 지칭하며, ②는 예컨대 '신', '자유', '내세(영혼의 불멸성)' 같은 사유물을 뜻한다. 어느 쪽이든 인간의 생각 속에서 만들어진 사물이다. 즉, 누메논의 본질은 인간이 머릿속에서 생각한 '사유물'이다. 이 책에서는 이러한 점을 염두에 두면서 '누멘' 혹은 '누메논'이라고 옮겼다. - 옮긴이 주

칸트는 순수 이성이 대상을 감지하는 우리의 방식들과는 독립적으로(우리의 방식들 외에도) **즉자 대상**(그 자체의 대상)을 객관적으로 알아챌 수 있는지를 자문한다. 그는 그것이 불가능하다는 것을 인정한다. 우리는 누멘, 절대라는 것을, 그 자체로, 우리의 감지와 무관하게 결코 알 수 없다. 우리는 현상학적 세계에 한정되어 있다. 여러분이 후설, 헤겔 등에게서 이 문제를 발견할 것이기 때문에 이것은 중요하다. 우리의 이성은 현상학적 세계에 한정되어야 한다.

현상, 그것은 내 능력과 내가 사물을 보는 방식에 따라 내가 본다는 것이다. 다시 말해, 내가 보는 시나[28]는 시간과 공간 속에서 흰색이다. 이것이 현상이다. 그런데 **누멘**(절대, 절대자, 신)은 "시나가 내게 어떤 개인가가 아니라, 시나가 그 자체로 어떤 개인가?"라고 생각하는 것이다.

(그러니까) 칸트의 비판은 사유의 한정이다. 인간의 사유는 모든 것을 이해할 수 있다고 간주해 왔다. 그런데, 데카르트에 대해서는 말할 것도 없고, 칸트 이후에 사유는 이러한 축소를 인정하게 되고, 따라서 이 축소는 대단히 중요하다. 칸트의 비판은 사유가 일정한 성숙에 도달하면, 사유는 자신의 한계를 알기 시작한다는 것을 증명하고 있다. 그러

---

28 Psina. 곰브로비치의 작은 개를 말한다. (원주)

니 여러분은 칸트 이후의 모든 철학에서, 예컨대 포이에르
바흐, 후설, 마르크스 등에게서 사유를 축소하려는 동일한
경향을 발견하게 될 것이다. 오늘날 철학은 신 존재와 같은
어떤 절대적인 진리를 추구하는 것이 아니라, 철학은 더욱
제한되고, 철학은 단지 현상학적인 세계에만 자신을 한정하
고, 혹은 철학은 "세계란 무엇인가"라는 질문을 **"어떻게 세
계를 바꿀 것인가"**(마르크스)로 대체하고, 그리고 철학은 누
멘에는 전혀 관심을 두지 않고 현상에만 관심을 두는 후설
의 현상학적 방법에서 가장 순수한 표현을 발견한다.

『실천이성비판』, 칸트의 두 번째 위대한 저작.

이 저작은 오늘날 시대에 뒤처졌다. 비록 매우 진정성 있는
구절들이 있음에도 불구하고 말이다. 칸트는 이 저작을 『순
수이성비판』과 비슷한 것으로 만들고자 했다. 하지만 『순수
이성비판』이 우리가 세상을 알 수 있는 판단들에 대해 말하
고 있다면, 『실천이성비판』은 **사물들을**(사물들의 질質을) **규
정짓는**(사물들에게 자격을 부여하는) 판단을 다룬다. 예를 들
면 '이 사람이 나를 기쁘게 한다.' '이 빵은 맛있다.' 같은.

여기서 우리는 판단들을 명령 판단[29]으로 감지한다.

『순수이성비판』: 이해하는 것, 아는 것에 관한 것.

『실천이성비판』: 내가 해야 하는 것, 처신해야 하는 것(도

덕)에 관한 것.

그런데 명령은 조건적이거나 혹은 무조건적일 수 있다.[30]

그 의지가 자율적일 때, 그 무엇에 의해서도 조건 지어지지 않았을 때의 **명령들**. 예를 들어 "도덕적이어야 한다."는 (라는 명령은) 무조건인 것이다.[31] 이는 어떤 조건에도 의존하지 않는다. 만일 내가 천국에 가기 위해, 혹은 사람들의 존경을 받기 위해 도덕적이어야 한다고 말한다면, 이때 이것은 이미 **조건 명령**이다. 이것이 중요한 점이다. 왜냐하면 우리가 살고 있는 시대는 이러한 것들을 혼동하기 때문이다.[32]

_____

29 칸트의 12개 범주 중에서 한국 철학계의 번역어로 '정언 판단(categorical judgement)'이 있다. 이때의 정언(定言)은 주어와 술어 사이에 어떤 조건이나 가정이 붙어 있지 않아서, 주어와 술어의 관계가 아무런 조건이 없이 연결된 문장을 뜻하는 것이기에 '무조건 판단'이라는 번역어를 제시했다. 그런데 윤리학에서 정언명령(Categorical Imperative)이라는 유명한 용어가 있다. 그리고 도덕철학에서 볼 수 있는 형식의 명령문을 일컬어 정언명령이라고 한다. 본문에서 표현한 '명령 판단'은 도덕철학에서의 명령과 같은 것으로, 이때 명령에는 무조건(정언) 명령(impératif catégorique), 조건[가언(假言)] 명령(impératif hypothétique) 등으로 이해할 수 있다. – 옮긴이 주

30 Or les impératifs peuvent être hypothétiques ou catégoriques. '가언적', '정언적'으로 옮기지 않고, 각각 알기 쉬운 단어인 '조건적', '무조건적'으로 옮겼다. – 옮긴이 주

31 명사 카테고리(catégorie)는 범주 즉 판단이고, 형용사 카테고리크(catégorique)는 절대적인, 명확한, 단호한 그리고 그간에 이해되어 온 정언적이라는 뜻이 있다는 것을 유의하자. 하지만 정언적이라는 번역어가 아닌 '무조건적'이라는 번역어로 이해하면 더욱 쉽다. – 옮긴이 주

칸트에게 도덕적 명령은 무심한 것이어야 한다.[33]

이제 도덕은 전적으로 의지에 달려 있다. **주의할 것 : 칸트의 명령들은 난잡하게**(불분명하게, 막연히, 어설프게, 두서없이, 제멋대로) 해석되었다. 가령 만일 어머니가 아프신데, 어머니를 낫게 할 최선의 의도가 있는 내가 실수로 어머니에게 죽음을 초래하는 치명적인 약을 드린다고 한다면, 도덕적 관점에서 볼 때 나는 정상이다.[34]

그 결과로 히틀러, 스탈린 같은 역사상 가장 엄청난 모든 괴물을 그들의 **의도**에 따라 판단해야 한다.

(그러니) 만일 히틀러가 유대인이 이 세계의 질병이라고 믿었다면, 그는 도덕의 관점에서 정당한 것이다. 비록 그가

---

32 무조건 명령과 조건 명령을 혼동한다는 것은 시대의 도덕성 타락을 탓하는 것이다. - 옮긴이 주

33 Pour Kant, l'impératif moral doit être désintéressé. 원문에서 moral은 hypothétique를 잘못 쓴 것으로 볼 수도 있겠다. 즉 곰브로비치는 강의에서 칸트에게 (위선적이고 거짓되고 기만적인) 조건 명령은 관심 밖의 것이어야 한다는 의미를 전하려 했을 것으로 보이기 때문이다. 다시 말해 '무조건 명령'이 이 시대에 필요하다는 것이겠다. 원문 그대로 '도덕적 명령'에 관심을 두지 않아야 한다고 하면, 칸트 철학의 도덕적인 측면을 평가절하하는 것이지 않겠는가. 혹은 "도덕 명령은 욕심이 없는, 이해관계를 떠난, 사심이 없는, 사리사욕이 없는, 공정한 것이어야 한다."라고 옮기면 칸트와 곰브로비치 모두에게 공정한 것이 되겠다. - 옮긴이 주

34 선한 의도라면, 비록 실수에 의한 살인이라도 죄가 되지 않는다는 것으로, 칸트의 '의도'를 잘못 해석한다는 것을 말하는 듯하다. - 옮긴이 주

틀렸다고 해도 말이다. 그러나 만일 그가 개인적 이익 때문에 그렇게 했다면, 그것은 부도덕한 것이다. 그에게 (칸트에게) 도덕은 도덕적 의지, 선한 의지이다.

아리스토텔레스에게 그것(도덕)은 분류, 질서,

객관적 세계이다.

대상으로 간주된 인간은,

동물이다.

마르크스. 마르크스에게 인간은 대상이다.

[비톨트는 동의하지 않는다] 예술가는 주관적인 것 속에 존재해야 한다.

토머스 드 퀸시[35]가 쓴 칸트 전기를 읽어 보라.

---

35 Tomas de Quincey(1785~1859), 『영국인 아편쟁이의 고백』으로 유명한 영국의 수필가, 비평가. 이 『고백』(1821)은 토머스 드 퀸시가 자신의 아편(아편과 알코올) 중독과 그것이 삶에 미친 영향에 대해 쓴 자전적 이야기이다. 1821년 9월과 10월에 런던 매거진에 익명으로 처음 게재된 이 고백은 1822년에 책으로 출간되었고, 1856년에는 드 퀸시가 수정한 판본으로 다시 출간되었다. 이 책은 첫 등장부터 문학적 스타일로 주목과 호평을 받았다. 드 퀸시는 16세기와 17세기의 영문학 작품을 많이 읽었으며, 토머스 브라운 경과 다른 작가들의 영향과 모델을 흡수했다. 토머스 드 퀸시는 『임마누엘 칸트의 마지막 날들』에서 칸트의 비서들의 이야기를 번역하고 어느 정도 정리하고 장식했다고 알려져 있다. – 옮긴이 주

네 번째 강의

쇼펜하우어[36]

칸트 이후 다음과 같은, 점점 뚜렷해진다고 할 수 있을 사유의 노선이 있다.

피히테.

셸링, 독일 관념론.

헤겔.

관념론인 이유는? 그것은 관념들에 몰두하는 주관적 철학이기 때문이다.

칸트에게는 상이한 두 유형의 (흥미롭게도) 두 명의 계승

---

36 Schopenhauer(1788~1860). 서양철학의 상징적인 인물이면서 프로이트와 융 심리학에 큰 영향을 준 독일의 철학자. 평생 세상의 인정을 못받고 불우한 삶을 살다가 죽기 몇 해 전인 1851년에 낸 『소품과 부록』이라는 저작으로 세계적인 유명 인사가 되었다. 무명의 철학자 쇼펜하우어를 세상에 알리는 기폭제가 된 『소품과 부록』은 『쇼펜하우어의 행복론과 인생론』으로 국내에 소개되었다. '소품'에서 삶의 지혜를 위한 아포리즘을, '부록'에서 인생과 관련된 여러 유익한 글들을 포함하고 있으며, 이 두 부분은 알기 쉽게 '행복론'과 '인생론'으로 불린다. 이 책은 난해한 철학서라기보다는 우리 주변에서 흔히 일어나는 일상을 주로 다룬 에세이라고 볼 수 있다. - 옮긴이 주

자가 있다.

쇼펜하우어.

니체.

아르투어 쇼펜하우어 (19세기).

단치히[37] 출생.

쇼펜하우어는 다음과 같은 점에서 엄청난 차이점이 있지만, (여하튼) 칸트의 체계를 채택한다.

칸트 이후, 모든 철학자는 물자체에, 절대적인 것에 전념하고 싶어 했다. 바로 그때 쇼펜하우어가 일어나서 이렇게 말한다. "아무도 물자체가 무엇인지 알지 못하는군. 아참! 내가 그것을 알고 있군."

세상은 깜짝 놀랐고, 쇼펜하우어는 계속 말한다. "나는 내부의 직관으로 그것을 안다." (여기서) 직관은 직접적인, 즉 이론에 기초한 것이 아닌 **"절대적인"** 지식을 의미한다.

쇼펜하우어의 추론은 다음과 같다.

인간 역시 사물이다. 때문에 만일 나, 내가 사물이라면, 나의 직관 속에서 나의 절대적인 것을 찾아야 한다. 즉 (나

---

37 Danzig. 쇼펜하우어가 태어났을 때는 독일의 다름슈타트였고, 지금은 폴란드의 그단스크이다. - 옮긴이 주

의 절대적인 것이란) 내가 나의 본질 속에 있다는 바로 그것이다.[38] 따라서 쇼펜하우어는 이렇게 말한다. "가장 기초적이고 가장 근본적인 내 안의 것이란 살고자 하는 의지라는 것을 나는 안다."

이제 새로운 철학적 사유의 문이 열린다. 다시 말해, 철학은 지적인 논증이 되기를 멈추고 삶과의 직접적 접촉 속으로 들어간다. 내게는 (프랑스에서는 나와 의견을 함께하는 사람이 거의 없지만) 니체의 권력에 대한 의지와 모든 실존철학으로 향하는 길이 열린 대단히 중요한 날이다. (하지만) 쇼펜하우어의 형이상학 체계가 지속되지 않았다는 것을 이해해야만 한다. 이런 의미에서 쇼펜하우어는 뭔가 견고한 것을 표현하지 않았다. 쇼펜하우어가 철학자로 자리 잡지 못했다고 추측하는 것은 그런 이유 때문이다.

그런데 철학이란 무엇인가? 어떤 철학 체계도 오래 지속되지 못한다. 하지만 나에게 철학이란 하나의 관점 속에서 세계를 조직화하는 최고의 가치를 갖고 있다.

예를 들어 매우 웅대한 칸트적 혹은 헤겔적 세계가 있으며, 니체의 세계가 있고, 핵심은 쇼펜하우어가 중요하다는

---

38 반면, 사르트르는 '실존이 본질에 앞선다.'라고 단언했다. 여기서 곰브로비치는 쇼펜하우어와 사르트르의 실존에 대한 차이점을 보고 있는 듯하다. - 옮긴이 주

것이다.

쇼펜하우어의 관점으로부터 쇼펜하우어적 세계로 이동해 보자.

철학이 삶을 다룬 것은 이것이 처음이다.

쇼펜하우어에게 살고자 하는 의지는 무엇인가?

더 좋은 말이 머리에 떠오르지 않기 때문에 그 단어들을 사용한다고 그가 직접 말한다. 사실은, 오히려 존재의 의지에 더 가깝다. 왜냐하면 쇼펜하우어에게는 단지 인간과 동물들만 살고자 하는 것이 아니라 저항하는 바위와 지속하는 빛도 살고자 하기 때문이다. 쇼펜하우어는 이것이 칸트적 누멘이고, 이것이 절대라고 말한다.

중요한 사항 : 쇼펜하우어의 경우 이것은 (물리학을 넘어선) 형이상학적 의미에서 나에게나 이 탁자에게 절대적으로 동일한, 단 하나의 존재 의지와 관련된 것이다.

이 살려는 의지가 현상으로 나타나기 위해서는, [원문 불완전함] ~의 모습으로 나타나야 한다.

이 살려는 의지는 공간과 시간 속에, 사물의 수치적 질서 속에 존재해야 한다. 수치의 세계가 시간도 대상도 그 어떤 것도 알지 못하기 때문에 살려는 의지는 유일하다.

그러나 이 살려는 의지가 현상학적 세계로 넘어가서 시간과 공간 속에서 제약된 하나의 현상이 되면, 이때 살려는 의지는 반드시 나뉜다. 쇼펜하우어가 **개별화의 원리**라 불렀던 법칙의 효과에 의해서 살려는 의지는 단일해지고 개별화된다. 반복하자면, 칸트는 우리가 결코 **누멘**의 세계를 깊이 이해할 수 없다는 것을 보여 주었다. 예를 들어 이성적 사유로 **신** 존재를 증명하는 것은 불가능하다. 이런 의미에서 칸트는 우리의 이성이 현상학적 세계에 의해 제한되어 있다고 말했다. 시간과 공간은 우리 밖에 있지 않고, 시간과 공간을 세계 속으로 끌어들이는 것이 바로 생각하는 주체이기 때문에, 우리는 **신**과 같은 무한과 보편에 대해서는 아무것도 감지할 수 없다.

누멘이 현상으로 드러날 수 있는 것은 오직 시간과 공간 속에서만 가능하다. 그런 이유로 쇼펜하우어는 '**살고자 하는 의지가 누멘이다.**'라고 말한다. 살고자 하는 의지는 시간과 공간 밖에 있고, 그것은 그 자체이고, 그렇기에 그것은 오직 (시간과 공간 속에 제한된) 현상이 될 때만 드러날 수 있다.

살고자 하는 의지가 현상학적 세계에서 드러날 때, 그 의지는 살기 위해 서로 뜯어먹는 무수히 많은 것들로 나뉜다. 늑대는 고양이를 먹어 치우고 고양이는 쥐를 잡아먹는 식이다.

쇼펜하우어의 가장 큰 장점은 다음과 같은 결정적인 것을 생각했다는 것이다. 즉 죽음, 고통 그리고 각 존재가 생존을 위해 벌여야 하는 영원한 전쟁 말이다.

나는 늘 철학은 지적인 것이 되어야 하는 것이 아니라 우리의 감(수)성에서 출발하는 어떤 것이 되어야 한다고 생각했다. 예를 들어 내게는, 나무의 존재를 의식한다는 것만으로는 그것이 내게 즐거움이나 고통을 불러일으키기 전에는 아무런 의미가 없다. 그렇게 되어야만 의미가 있다. 내가 인터뷰 등에서 소개하려고 하는 것이 바로 이런 관념(인식하여 알고 있는 일체의 내용들)이다.

우리는 절대적으로 비극적인 세상에 살고 있다. 사람들은 쇼펜하우어에 관해 그가 비관주의자라고 말한다. 하지만 그 말로는 충분치 않다! 그것은 불행하게도 실체와 완벽하게 일치하는 웅장한, 동시에 비극적인 비전이(라고 해야 한)다. 쇼펜하우어는 자신의 체계로부터 몇 가지 결론을 끌어낸다.

예를 들면, 자연은 단지 개체들에만 관심을 두는 것이 아니라 종에도 관심을 둔다. 수백만 마리의 개미가 죽어야 종이 번식할 수 있다. 마찬가지로 한 사람이 전투에서 자신을 희생하는 것도 같은 이유다. 마지막으로, 쇼펜하우어는 격렬한 여성 혐오주의자였는데, 그것은 여성이 종의 연속에 전념한다는 너무나 단순한 이유 때문이었다. 그는 사랑에서도 개인의 행복이 존재할 수 없다고 말했는데, 이유는 개체가 종에 희생되기 때문이라고 했다. 젊은 남자가 젊은 여자를 관심 있는 시선으로 응시한다. 그 시선은 매우 감동적이다. 그 **반대도 마찬가지다.** (그런데) 그들은 단지 자신들이 **우수한 자질의** 자녀를 가질 수 있을지 알고 싶을 뿐이다.

우리는 이성에게서 자신과 반대되는 곳을 찾는다. 큰 코, 작은 코 등등. 인간은 결코 개인적인 행복에 도달할 수 없다. 인간의 살고자 하는 의지는 그로 하여금 다른 사람을 집어삼키거나 그가 다른 사람에 의해 삼켜지도록 강제한다. 그 결과 쇼펜하우어는 다양한 고귀한 감정들(예: 여성의 자녀 사랑)을 분석하고, 그 모든 것이 개인의 행복에 반하는 것이라 말한다. 이후 쇼펜하우어는 우리가 행복이나 쾌락이라고 부르는 것이 불쾌한 만족감에 지나지 않는다는 것도 보여 준다. 만일 여러분이 비프스테이크를 먹어서 즐겁다면, 먼저 배고픔을 느꼈기 때문이다.

쇼펜하우어에게 삶이란 지속적이고 사악한 불쾌함이다.

쇼펜하우어에 따르면 이런 지옥 같은 **혼미**(난마亂麻)에서 벗어날 가능성은 무엇인가?

자살? 아니다. 그것은 아무런 소용이 없다. 왜냐하면 자살함으로써 우리는 단지 우리의 살고자 하는 의지를 확인할 뿐이기 때문이다. 실제로, 만일 내가 자살한다면 그것은 나의 살고자 하는 의지가 채워지지 않기 때문이다.

살고자 하는 의지에서 벗어나는 유일한 방법, 그것은 포기이다.

나는 내 안에 있는, 살고자 하는 나의 의지를 죽인다. 이것이 쇼펜하우어를 단지 명상과 삶의 포기를 공언하는 힌두 철학과 동양철학으로 이끌었다.

이런 주장은 다소 인위적이라는 것, 그리고 그의 작품 『의지와 표상으로서의 세계』에서 동양철학에 할애한 부분이 가장 설득력이 없다는 것을 말해 둘 필요가 있다.

다섯 번째 강의

쇼펜하우어

쇼펜하우어는 두 가지 가능성을 인정한다.

1. 잔인하고 불의한 삶에 전적으로 참여함으로써 살고자
   하는 의지를 공언하는 것.
2. 자살이 아닌, 관조.

쇼펜하우어는 "(삶이) 마치 놀이인 것처럼" 세상을 관조
하는 것이 삶보다 절대적으로 우월하다고 생각한다. 그는
이를 놀랍도록 기발한 방식으로 보여 준다. 세상을 바라보
고 감탄하는 사람, 그가 바로 예술가이다. 이때, 이런 의미
에서, 예술가는 아이와 닮았다. 아이도 사심 없는 방식으로
세상에 대해 감탄하기 때문이다. 쇼펜하우어는 바로 이러
한 이유로 단지 아이가 아이이기 때문에 놀랍다고 말한다.
생애 초기 몇 년 동안 우리는 나머지 생애 전부보다 더 많은
발전을 이룬다. 그러므로 동양에서는 (관조한 사람) 요기yogi

가 삶을 지워 버릴 유일한 가능성에 도달한다. 쇼펜하우어는 내가 보기에 가장 중요한 예술 이론 하나를 표명한다. 그리고 우리끼리만 하는 얘기로, 프랑스에서 예술을 대하는 극도로 어수룩하고 불완전한 방식은 무엇보다 쇼펜하우어에 대한 무지에서 기인한다.

예술은 우리에게 자연과 그 힘의 놀이(유희), 다시 말해 살고자 하는 의지를 보여 준다. 쇼펜하우어는 이 문제에서 **구체적**이다. 그는 묻는다. 단순한 벽은 우리의 흥미를 끌지 못하는데 어째서 성당의 파사드(정면)는 우리를 매혹하는가? 그것은 물질의 살려는 의지가 중력[39]과 저항으로 표현되기 때문이다. 그런데 (단순한) 벽은 이 힘의 놀이를 부각하지 못한다. 왜냐하면 벽의 모든 입자가 한꺼번에 저항하고 누르기 때문이다. 반면에 성당의 파사드는 저항과 누르는 그 힘들이 작용하는 것을 보여 준다. 왜냐하면 기둥은 저항하고 기둥머리는 누르기 때문이다. 우리는 누르는 힘과 받치는 힘의 투쟁을 본다. 쇼펜하우어는 또한 뒤틀린(굽은) 기둥이 우리를 만족시키지 못하는 이유도 설명한다. 아주

---

39 시몬 베유의 『중력과 은총』을 떠올리게 하는 구절이다. 밑으로 끌어내리는 중력에 맡겨진 인간의 불행과 빛의 은총을 통한 구원이라는 주제를 담고 있다. 시몬 베유에 대해서는 이 책의 「해제-곰브로비치의 철학」을 참고하기 바란다. - 옮긴이 주

간단히 말해서 그런 기둥은 충분히 저항하지 못하기 때문이다. 동시에, 둥근 기둥은 각진 기둥보다 더 낮다.

이 모든 것은 쇼펜하우어가 **예술**을 어떻게 바라보는지에 대해 여러분에게 말하기 위한 것이다.

그가 삶과 대립시키고 있는 것은 바로 관조觀照다.

그는 또한 **조각**을 다루면서 인간의 아름다움은 경험에 근거한 **선험적** 기대에서 비롯된다고 말한다. 인간의 몸은 그 목적에 맞게 잘 적응되어 있기 때문에 더욱더 성공적이다. 그는 우리 안에는, 예를 들어 긴 다리와 같이 오늘날 우리가 월등하다고 생각하는 것을 미래로 연장하는 인간의 아름다움에 대한 이상형이 있다고 덧붙인다. 이 월등함이 항상 인간으로 하여금 건강 등과 같은 방향으로 더 나아가도록 한다. 이것은 미래의 종種 모델에 관한 일종의 꿈이라고 말할 수도 있겠다.

쇼펜하우어에게 **그리스 조각**의 아름다움은 성적인 본능과 아름다움 사이의 분별에 있다. 한마디로 그리스 조각의 아름다움은 (선정적으로) 자극하지 않는다. 그렇기 때문에 그 아름다움은 고급스럽다.

회화. 조각이 아름다움과 매력에 특히 관심을 기울였다면, 회화는 인간에게서 표현, 열정, 성격을 추구한다. 따라서 회화에서 우리는 추함을 아름다운 것으로 간주할 수도 있다. 예를 들면, 나이 든 여성. 성격은 회화에서 인간의 하나 됨을 만든다. 왜냐하면 성격은 한 의미 (방향) 속에서 하나로 만드는 것이고, 그렇지 않으면 인간이 사라져 버리기 때문이다.

문학. 일반적으로 예술가는 논리의 개념, 추상 개념으로 이야기하지 않는다. 하지만 그는 세상을 살아가려는 의지에 대해 직접적인 직관을 하고 있다.

이런 이유로 쇼펜하우어는 무언가를 증명하기를 바라는 추론적인 문학은 아무것도 충족시키지 못한다고 적는다. 추상적인 원리들이나 개념들로는 예술을 할 수 없다. 예를 들어 만일 내가 사생아 같은 주제에 대해 뭔가 할 말이 있다면, 나는 예술 작품에서가 아니라 그저 강연회에서 그 주제에 대해 말할 것이다.

예술 작품은 구체적인 것을 추구하지만, 그 구체적인 것 속에서 예술 작품은 보편적인 것, 즉 살고자 하는 의지를 재발견한다. 몰리에르의 구두쇠를 떠올려 보자. 그 구두쇠는 자신의 삶과 머리 색깔 등을 가진 구체적인 인물이지만, 우리는 그 인물을 통해서 보편적인 의미에서의 돈에 대한 탐욕을 볼 수 있다.

쇼펜하우어는 천재에 대한 정의를 내리는데, 이 정의는 아이에 대한 정의와 아직도 매우 유사하다. 천재는 **사심이**

없는 사람이다. 천재는 세상을 가지고 논다. 그는 세상의 잔혹함을 인식하지만 그 잔혹함을 놀이 삼는다. 천재란, 보통은 실제 삶에서 아무런 쓰임이 없다. 왜냐하면 천재는 자신의 개인적 이익을 추구하지 않기 때문이다. 천재는 반사회적이지만, **편견이 없기** 때문에 세상을 더 잘 본다.

쇼펜하우어는 평범한 사람의 지성은 자신이 찾는 것만을 비추는 손전등과 비슷하지만, 뛰어난 지성은 모든 것을 비추는 태양과 같다고 말함으로써 매우 멋진 비유를 했다. 이로부터 **천재적 예술의 객관성**이 도출된다. 그것은 **무심함**이다.

쇼펜하우어는 천재라는 주제에 대해 많은 말을 했다. 예를 들면 천재는 평범하게는 살 수 없다. 예술가에게는 늘 살아가는 것을 방해하는 장애물, 즉 질병, 이상異常, 결함, 동성애 같은 것이 있다고 했다.

(지적인 사람들은 소음에 매우 민감하다.) 나는 개인적으로 그 말을 우리는 **자신에게 결핍된 것을 더 잘 감지한다는** 것으로 해석한다. 예를 들면, 기병騎兵 장교는 오히려 자신이 건강하다는 것을 알지 못하지만, 쇼팽 같은 환자는 건강하지 않기 때문에 건강에 대한 예민한 개념을 가지고 있다.

우리는 베토벤이 개인적으로는 히스테릭하고 불행했지만, 예술에서는 건강과 균형을 (의심의 여지 없이 그런 것이

베토벤에게는 부족했을 것이기 때문에) 너무나 잘 표현했다는 (천재였다는) 것과 같은 다양한 현상(사례)을 관찰할 수 있다.

나는 **예술에서의 이율배반**(예술에서 볼 수 있는 모순)에 가장 큰 중요성을 부여한다. 예술가는 이러한 동시에 그 반대여야 한다. 광적이고 무질서하지만, 또한 규율을 준수하고 냉정하고 엄격해야 한다. 예술은 결코 단 하나의 것이 아니라, 항상 반대의 것으로 보완된다.

쇼펜하우어는 철학이라기보다는 직관과 도덕이다. 그는 태평양의 한 섬에서 매년 바다거북들이 해변에 알을 낳으려고 물 밖으로 나왔다가 뒤집혀서 섬의 들개들에게 잡아먹히는 것에 분노했다. 그는 이렇게 말했다. 보라, 이것이 삶이다. 이 삶이 수천 년 동안 봄마다 철저하게 반복되고 있다.

왜 우리는 더 이상 쇼펜하우어를 읽지 않는가?[40]

왜 그는 관심사가 아닌가?

---

40 프랑스의 경우 2차 세계대전이 끝난 1945년부터 중동발 오일 쇼크가 두 차례 발생하는 1970년대 사이의 기간을 소위 '영광의 30년'이라고 부른다. 그런데 물질적 풍족함을 누리던 1960년대에 말년을 보낸 곰브로비치의 상황과 비교해 본다면, 최근 한국 출판계, 독서계에서 일명 '쇼펜하우어 읽기 열풍'은 이례적인 것인가? 아무렴 2024년 노벨문학상은 한국 작가 한강이 수상했다. 이 또한 놀랍고 당연한 일이다. - 옮긴이 주

1. 쇼펜하우어의 형이상학(그의 책 제1장)은 (나는 누멘, 그
   것이 직관이고 살고자 하는 의지라는 것을 안다.)와 같은 방
   식으로 표현되었기에 오늘날 통용되지 않는다.

2. 의심의 여지 없이, 이 철학의 귀족적 면모 또한 (영향
   을 주었을 것이다.) 쇼펜하우어에게는 평범한 사람과 우
   월한 사람이 있다. 그는 평범한 사람들을 모욕했다.

3. 그는 (그의 철학은) 삶에 반대했다. 반면에 마르크스가
   그랬던 것처럼, 우리는 헤겔에게서 정치에 매우 유용
   한 것들을 도출할 수 있다.

쇼펜하우어는 체념을 추구했고, 살려고 하는 의지를 꺾
으려 했다.

쇼펜하우어의 (그리고 나의!) 책 같은 흥미로운 책이 독자
를 찾지 못하는 것이 내게는 미스터리이다.

쇼펜하우어는 헤겔을 혐오했다.[41] 그는 늘 '곰탱이 헤겔!'
이라고 말했다. 그리고 헤겔에게 도전하기 위해, 쇼펜하우
어는 베를린대학에서 헤겔의 강의 시간과 동일한 시간에
자신의 강의 시간을 못 박아 두었다. 결과는… 헤겔의 강의
실은 늘 가득 찼고 그의 강의실은 늘 비어 있었다.

---

41 Lourdaud. 사전적 의미는 서투른 사람, 둔한 사람이며, 쇼펜하우어는
헤겔이 "행동이 느리고 둔한 사람"이라고 얕잡아 불렀다. - 옮긴이 주

그러나 헤겔과 쇼펜하우어는 천재란 자신의 시대를 넘어서기 때문에 성공할 수 없다는 것을 보여 주기 위해 여러 논쟁을 벌였다. 그래서 천재는 이해받지 못하고, 누구에게도 도움이 되지 못한다.

그래서 쇼펜하우어와 나, 우리는 서로에게 적잖이 위로받는다!

여섯 번째 강의

헤겔

지루한 전기적 사항. 19세기. 베를린대학 교수.

칸트.

피히테[42] : 국가와 법률에 대한 철학.

셸링[43] : 예술적 본성.[44] 그의 철학은 미학과 예술에 큰 영향을 받았다. 헤겔이 셸링을 맹렬하게 공격했다.

헤겔의 근본적인 명제는 이렇다. **이성적인 것은 실제로 존재**[45]**하고, 실제로 존재하는 것은 이성적이다.**

이 주장은 그리 어렵지 않다. 주요한 내용은 주체가 대상

---

42 Fichte(1762~1814). - 옮긴이 주

43 Schelling(1775~1854). - 옮긴이 주

44 Nature artistique. 여기서의 본성은 자연의 본성을 의미하는 것으로 보이며, 따라서 예술적 본성, 혹은 예술적 자연으로 옮겨도 무방하겠다. 셸링은 우연적인 자아와 필연적인 자연 사이의 모순을 통일하려고 노력했다. - 옮긴이 주

45 Le réel. 우리 철학계에서는 '실재(實在)'라고 옮기지만, 나는 '실제' 혹은 '실제로 존재'라고 풀어서 옮겼다. 일반 독자의 경우 '현실의', '현실 세계의', '구체적인'이라고 생각하면서 읽는다면 조금이나마 이해에 도움이 되지 않을까 한다. - 옮긴이 주

과 (의존적) 상관관계에 있다는 것, 즉 하나는 다른 하나가 없으면 존재할 수 없다는 것이다. 단 하나의 것만 존재한다고 생각해 보라. 만일 의식이 없다면 그 사물은 존재하지 않는다. 바로 이것을 바탕으로 헤겔은 **실제에 대한 그의 이론**을 표명한다.

세계는 어떤 사물이고, 세계는 이성에 의해서, 이성적인 의식에 의해서 이해되는 것만큼만 이해된다. 헤겔은 이 과정을 웅장한 이미지로 건넨다.

내가 성당 안으로 들어갔다고 생각해 보자. 처음에는 입구와 벽의 부분들, 그 자체로는 아무것도 설명해 주지 않는 건축적 세부 사항들 외에는 아무것도 보지 못한다. 결국, 나는 성당을 파편적인 방식으로 보는 것이다. 앞으로 걸어간다. 내가 앞으로 걸어감에 따라 성당을 점점 더 보게 되고, 마침내 반대편 끝에 도달하면 성당 전체를 보게 된다. 나는 모든 파편의 의미를 발견한다. 성당이 내 **이성**으로 들어왔다. **성당이 존재한다.** 이것이 바로 우리가 세상을 발전시키는 과정이다. 매일 우리는 세상을 더 잘 이해하게 되고, 각 현상의 이유를 더 잘 이해하게 된다. 따라서 우리에게는 매번 세상이 조금 더 존재한다. 어느 순간이 도래할 것이고, 우리의 역사와 인류의 마지막 순간이 도래할 것이고, 그때 세상은 완전히 이해될 것이다. 바로 그날에, 시간과 공간이 사라질 것이고, 대상과 주체의 결합이 하나의 **절대적인 것**으로 변모될 것이다. 시간과 공간의 밖. 더 이상 운동은 없을 것이다. 그다음에는, 플루크ploukh![46] 절대.

보다시피, 이와 같은 형이상학적 체계는 다소 환상적인 구조를 가진다. 심지어 체계가 무너지더라도, 그것들은 현실과 세계를 조금 더 잘 이해하는 데 사용된다. 헤겔에게서 이성의 진보라는 관념은 오늘날 가장 중요하며, 거의 다음과 같은 방식으로 표현되는 변증법적 체계를 통해 실현된다.

각각의 명제命題는 더 높은 단계의 반명제反命題를 발견하게 된다. 이 반명제는 다시 명제가 되고, 또 반명제를 발견하게 된다…. 따라서 이것은 모순에 기초한 발전의 법칙이다. 헤겔에 따르면, 우리의 정신은 불완전하므로, 실체를 단지 부분적으로만 알기 때문에 이러한 모순 위에 세워진다. 따라서 우리 정신이 내리는 판단들은 불완전하다.

헤겔은 이러한 모순을 정신의 밑바닥 그 자체 속에서 발견한다. 예를 들어 전부라고 말할 때, 우리는 **단수**를 인정해야만 한다. 어떤 **검은** 물건을 상상할 때, 다른 **색깔**에 대해서도 또한 생각해야 한다. 왜냐하면 (우리가 생각하는) 그 **색깔**의 (여기서는 '검은') 관념 자체가 그 색깔과 다른 모든 색

---

46 '절대'를 의미하는 폴란드어로 보임. - 옮긴이 주

깔과의 대립이기 때문이다. 이와 똑같은 대립을 우리는 국가의 역사적 발전 속에서 다시 발견한다.

예를 들어, 한 독재 권력이 혁명을 일으키고, 그러면 그 혁명은 독재도 아니고 혁명도 아닌 시스템 속에서 다시 반명제를 만난다. 따라서 그런 시스템은, 예를 들면 과두제寡頭制 같은 시스템 속에서 교정(여기서는 반명제를 의미함 - 옮긴이)[47]을 찾는 제한된 권력 시스템인 것이다.

또는 여러분이 **전부**를 생각할 때 당연히 **무**를 생각해야 한다. 이런 방식으로 우리는 한 발 한 발 성당 안에서 나아간다.

헤겔의 철학은 **생성의 철학**[48]이다. 이것은 크나큰 일보 전진이다. 왜냐하면 생성의 과정은 이전 철학들에서는 나타나지 않았기 때문이다. 그것은 단순한 하나의 운동(움직임)이 아니라, 하나의 진보이다. 왜냐하면 이 변증법적 과정은 이성의 최종 결말에 이르기까지 우리를 항상 더 높은 단계로 올려놓기 때문이다. 그리고 헤겔에게서 이 과정은 자연히 이성의 진보, 다시 말해 과학의 진보 위에 세워진다. 이것이 헤겔로 하여금 **역사**에 가장 큰 중요성을 부여하도록 이끈다.

---

47 système는 시스템 혹은 체계라고 옮겼다. - 옮긴이 주
48 혹은 변화의 철학, 움직임의 철학, 미래의 철학, 장래의 철학으로 이해할 수도 있다. - 옮긴이 주

헤겔에게 자연은 창조적이지 않다. 자연은 앞으로 나아가지 않는다. 일례로 태양은 항상 같은 방식으로 뜨고 진다. 그런데 창조적인 것이란 다름 아닌, 특히 역사 속에서 발현되는 바로 **인간적인 생성**이다. 여기서 이미 우리가

> 공시적인 것,
>
> 통시적인 것

이라고 부르는 것 사이에서, 정신에 있어서 열리는 커다란 심연을 알아차릴 수 있다.

이 심연은, 예를 들어 대상-주체 혹은 아인슈타인의 연속체 이론, 플라크의 양자 이론 혹은 전자 검출 방식, 혹은 빛의 입자 및 파동 이론과 같은 것들이다. 이러한 관점에서 인간 정신이란 절대로 만나지 않는, 서로 완전히 다른 두 요소로 이루어진 그 어떤 것으로 보인다.

이 **구멍**, 이것이 바로 인간이다.

또 헤겔이 사용하는 약간 까다로운 용어에 관해 생각하게 할 다음과 같은 짧은 문장이 있다. 그것은, 인간이란 세계에 대한 이성이 **자기 자신에 대한 의식**에 도달하는 통과 원리이다.

이제 헤겔의 논리를 조금 살펴보자. 그것은 **대략** 다음과 같은 모습이다.

나는 아무것도 존재하지 않는다고 주장하지만, 내가 그

렇다고 주장하기 때문에, 그러면 적어도 내 주장은 존재한다. 따라서 (그런 내 주장은 '있다'는 의미에서의) 존재함은 (사물과 모순되게) 존재한다. 그러나 즉자존재(即自存在 혹은 존재 그 자체로는)는 아무것도 의미하지 않기 때문에, 존재를 말하면서, 나는 무엇인가 있다고 말해야 한다. 이런 경로를 통해서 나는 존재의 범주가 단지 비존재의 범주와 함께 생각될 수 있다는 것을 알게 된다. 이는 내가 여러분에게 정신의 이율배반에 관해 말하면서 이미 말했던 것이다. 하지만 나는 단지 이 논리의 출발점이 무엇인지를 보여 주기를 바랄 뿐이다.

전통적 논리와 헤겔의 논리 사이의 차이는 바로 이것이다. 즉 전통 논리에 따르면, 존재하는 모든 것은 그 자체와 동일하고 그 무엇도 스스로와 모순되지 않는다. 이것은 'A는 A와 동일하다.'는 그 유명한 **동일성의 원칙**일 뿐이다.

그런데 헤겔에게는, 그 무엇도 그 자체와 동일하지 않고, 모든 것은 스스로와 모순된다. (나아가고 있는 이성[49]의 불완전성, 즉 내가 성당을 -전체를- 완전히 보지 못한 만큼, 그 의미는 불완전하다. 'A는 A와 동일하다'는 여기서 실현되지 않는다.)

이것은 내가 앞에서 언급한 것으로 이끈다. 즉 실체의 기반은 바로 **사유**이다. 인류가 법을 만드는, 인간이 역사의 한 단계가 되는 '나아가고 있는 진리'[50]가 바로 헤겔의 세계라는 것을 이해하기 위해서는, 헤겔의 세계를 아리스토텔레스나 성 토마스의 세계와 비교하는 것으로 충분하다.

헤겔이 역사에 부여한 중요성은 헤겔 사유의 승리에 기여한 것이 분명하다.

여러분에게 이 사상이 얼마나 세밀한지를 보여주기 위해, 그리고 내가 요약한 내용이 이 모든 것을 결코 담아낼 수 없다는 점을 보여주기 위해서, 헤겔의 중요한 저서인 『정신현상학』 제2권에 대해 말씀드리고 싶다.[51]

제6장(헤겔 사상의 노정을 보여 주기 위함). 진정한 윤리적 정신은 두 부분으로 나뉜다. 즉 윤리적 세계, 인간과 신의 세계 그리고 남자와 여자.

이것은 다시 (아래와 같이 1, 2, 3으로) 세분화된다.

---

49 La raison en marche. '행진 중인', '앞으로 나아가는', '운행 중인', '진행하는'이라는 의미. 과학의 진보와 마찬가지로 이성의 진보를 믿기 시작한 것은 18세기 계몽주의 시대부터이다. 현재 두 번째 임기를 보내고 있는 프랑스의 대통령 에마뉘엘 마크롱이 2016년 창당한 당의 명칭이 '앙마르슈(En marche)'였다. 우리말로는 '전진하라' 정도의 의미겠는데, 마크롱은 2017년 프랑스 대통령에 당선되고, 그해 총선에서 '앙마르슈'는 제1당을 차지한다. - 옮긴이 주

50 La vérité en marche. 헤겔의 세계는 이성의 세계, 즉 진리의 세계라는 의미이다. 앞에서 언급한 '나아가고 있는 이성'의 다른 표현이다. - 옮긴이 주

51 '윤리적 정신'이 두 부분으로 나뉜다는 원문을 살펴보면 모호함이 있어서, 두 부분으로 나뉜 것, 그리고 또 세분화된 것 등을 명확하게 구분하는 것이 어렵다. - 옮긴이 주

1. 국가와 가족. 낮의 법과 밤의 법은,
   다시 다음과 같이 세분화한다.
   A. 인간의 법.
   B. 신의 법.
   C. 개인의 권리들.

2. 우리가 두 법 모두에서 발견하는 운동(항상 생성하는 것) :
   A. 정부-전쟁-부정적 권력.
   B. (매우 중요) 형제 자매라는 의미에서 남자와 여자의 윤리적 관계.
   C. 신의 법과 인간의 법의 상호적 영향.

3. 무한한 것으로서의 서사시(영웅담)의 세계, 따라서 하나의 총체성.

이러한 주제들에 대한 헤겔의 분석은 항상 그 주제들이 따랐던 변증법적 운동을 발견하고 정의하는 데 있다. 이를 통해 헤겔은 정말로 놀라운 결과에, 즉 주인과 노예의 변증법과 같은 유명한 구절에 다다른다. 헤겔에게 가장 중요한 주제에 관해서는 아직 말도 꺼내지 못했다. 국가와 인민, 즉 국민이라는 주제가 그것이다.

헤겔에게 국가의 실체는 개인의 그것보다 우월하다. 그

에게 국가란 세계 속에서 정신의 화신(현현)이다. 다음은 국가에 대한 그의 개념을 이해할 수 있게 해 주는 몇 가지 정의들이다.

(국가는 도덕관념의 실체이다. 다름 아닌 그 자체로 명증하고 본질적인 의도(의지)로서의 도덕 정신은 바로 그 도덕 정신이 지식으로 알고 있는 것을 알고 있으며 그것을 실현한다.)

이 소름 끼치는 문장은 헤겔적 관념의 가장 통찰력 있는 의미를 보여 주는데, 매우 피상적인 방식으로는 다음과 같이 표현될 수 있다. 즉 이전 철학에서 인간은 신에 의해서 제정된, 혹은 칸트에서처럼 어떤 도덕적 명령에 복종하는 도덕법에 복종했었다. 다시 말하자면, 인간은 앞으로 나아가지만 법은 이미 존재하고 있다. 그런데 헤겔 철학에서 모든 것이 변한다. 인간은 앞으로 나아가면서 자신의 고유한 법을 공들여 만들어 내고, 게다가 변증법적 과정에 의해서 구성된 법 외의 고정된 그 어떤 법도 존재하지 않는다. 헤겔 철학에서는 단지 인간뿐만 아니라, 법도 앞으로 나아간다. 왜냐하면 법은 불완전하기 때문이다.

게다가 헤겔에게는 국가에 대한 두 가지 정의가 있다.

1. 국가는 개인 의지의 실현이다.

2. 국가란, 세계의 형식과 조직을 발전시키면서 펼쳐지는 정신이다.

이어서 그는 정부의 여러 다양한 형식들을 분석한다. 그리고 그 분석을 변증법적 과정에 맡긴다. 다시 말해 자본주의 정부는 반대의 독재를 초래한다. 즉 프롤레타리아트[52](무산 계급) 독재를 유발한다. 프롤레타리아트 독재는 앞선 각 (정부) 형식의 좋은 측면들을 결합시킬 줄 아는 우월한 형식에 이른다. 등등.

정-반-합[53]

여러분이 알다시피 공산주의자들은 이 개념에 탐욕스러운 시선을 던졌다. 그들에게 혁명은 프롤레타리아트 독재를 유발하고 그 이후엔 권력과는 아무런 상관이 없을 이상적인 국가에 도달한다.

헤겔은 먼저 마르크스에게, 두 번째는 마르크스주의자들에게 자신의 영광을 돌려야만 한다.

헤겔에게 전쟁은 비도덕적인 것이 도덕적인 것에 이르는 하나의 변증법적 과정이기도 하다.

마침내, 국가는 신성의 화신으로 변한다.

---

52 이 책에서 사용된 프롤레타리아트, 프티부르주아지, 부르주아지는 특정 계급을 의미하며, 프롤레타리아, 프티부르주아, 부르주아는 그 계급에 속한 사람을 의미한다. - 옮긴이 주

53 Thèse-antithèse-synthèse. 테제-안티테제-진테제로 옮기기도 한다. - 옮긴이 주

헤겔/키르케고르

키르케고르의 공격

(결국) 이렇게 해서 만들어진 것이 바로 최근의 위대한 형이상학적 체계이다.[54] 헤겔식 순수한(단순한) 문체의 변증법적 법칙[55]에 따르면, 테제는 안티테제를 만난다. 그런데 키르케고르가 (헤겔의) 안티테제다.

키르케고르는 덴마크의 목사였으며, 대단한 헤겔 숭배자였다. 그런 그가 갑자기 헤겔에게 전쟁을 선포한다. 그리고 그것은 문화사에서 가장 극적인 순간 중 하나이다.

키르케고르의 헤겔에 대한 공격은 다음과 같이 요약된다.[56]

헤겔은 그의 이론에서는 절대적으로 나무랄 데 없지만,

---

54 C'est le dernier grand système métaphysique qui a été formé. 『철학 강의』의 어조로 보아 이 문장을 이야기한 곰브로비치의 평가가 정확히 무엇이었을까. 결국 dernier라는 단어를 어떻게 옮겨야 할 것인가라는 문제인데, 비난의 의미라면 최악의, 최하의 형이상학 체계가 될 것이고, 긍정의 의미라면 최후의, 가장 최근의, 최상의 형이상학 체계가 될 것이다. - 옮긴이 주

55 칸트의 『순수이성비판*La Critique de la raison pur*』에 들어 있는 pur(퓌르, 순수한)라는 단어가 사용되었다. 프랑스어 형용사 pur는 대부분 명사 뒤에 위치하지만, 곰브로비치는 pur를 명사 앞에 사용함으로써 헤겔의 문제가 세련되고 다듬어졌다는 의미가 아니라 단순하고 순진하다는 의미를 부여한 것으로 보아야 하겠다. - 옮긴이 주

이 **이론은** 아무런 쓸모가 없다.

그런데 그 이유는?

실존은(이 단어가 이때 처음 등장한다) 구체적인 것인데 반해 헤겔의 이론은 추상적이기 때문이다.

헤겔에게는 추상적인 것들과 개념들만 있다. 일례로, 내가 모두 어떤 공통점이 있는 천 마리의 말을 보았다면 그때 나는 그 사물에 대한 개념을 다음과 같이 표현한다. 말, 네 발 달린 짐승 등등. 그런데 그런 말馬은 결코 존재하지 않는다. 왜냐하면 모든 구체적인 말은 자기 색깔이 있기 때문이다. 따라서 데모크리토스 혹은 아리스토텔레스 혹은 성 토마스에서 스피노자와 칸트와 헤겔에 이르기까지, 고대부터 작동해 온 고전 철학이 사용한 개념은 **공허하다**.

실존은 말한다 : 인간을(에 대해).

추상적인 것은 실체에 부합하지 않는다. 말하자면 그것은 다른 세계에서 온 것이다.

여기서 사유는 가장 격렬한 내적 자가당착을 발견한다.

---

56 키르케고르가 목사였다는(혹은 목동이었다는) —프랑스어 pasteur는 목사, 목동이라는 의미를 모두 가지고 있다 — 이 언급은 착오에 의한 것으로 보인다. 키르케고르는 평생 특별한 직업이 없었다고 알려져 있다.직업이라고 한다면 주로 철학자로 소개되며, 목사였던 이는 키르케고르의 맏형이었고, 그의 아버지가 어렸을 적에 목동이었다고 알려져 있다. - 옮긴이 주

그런데 헤겔의 언어를 사용하자면 이것이 바로 우리를 직접 **실존**으로 이끄는 안티테제의 근거이다.

실존주의는 특히나 구체적인 것의 철학이고자 한다. 그러나 이것은 하나의 꿈이다. 구체적인 실체를 가지고 우리는 논증할 수 없다. 논증은 항상 개념을 사용한다. 등등. 그러므로 실존주의는 그 자체에 대해 만족할 수 없고 구체적인 동시에 추상적인 철학이어야 하므로 하나의 비극적인 관념이다.

키르케고르의 철학은 헤겔 철학에 대한 반작용이다.

실존주의가 가능해진 것은 다름 아닌 후설로부터다. 왜냐하면 후설의 현상학적 방법은 본질로서의 진리 탐구 속에 자리하고 있기 때문이다.

이것(후설의 현상학적 방법)은 우리의 의식에 대한 설명이며, 일종의 아리스토텔레스의 방법을 자아에 적용한 것이다. 하지만 아리스토텔레스의 철학이 세계에 대한 분류인데 반해, 후설의 현상학적 방법은 우리 의식의 현상들에 대한 정화와 분류 속에 자리하고 있다.

실존주의

실존주의는 헤겔에 대한 키르케고르의 공격에서 직접적으로 탄생했다.

사실을 말하자면, 실존주의 학파가 하나뿐인 것은 아니며 여러 학파가 있다. 그중에서 예를 들면 야스퍼스,[57] 가브리엘 마르셀[58](이 가련한 바보), 사르트르… 등의 학파들이 있다. 하지만 사실 실존주의는 파르메니데스, 플라톤, 예수 그리스도, 성 아우구스티누스에서부터 지금까지 이어져 온 어떤 태도이다.

여러분에게 실존주의 철학과 고전 철학을 나누는 것에 관해서 말해 보려 한다.

---

57 Karl Jaspers(1883~1969). 야스퍼스는 '실존철학'이라는 용어를 처음 사용하고 '실존철학'을 제목으로 하는 책을 최초로 쓴 독일의 철학자이다. – 옮긴이 주

58 Gabriel Marcel(1889~1973). 프랑스의 철학자로, 제2차 세계대전 후에는 사르트르 등의 무신론적 실존주의에 대해 기독교적 실존주의 사상가로서 저술, 평론, 강연, 연극 등 여러 방면에서 활약했다. – 옮긴이 주

먼저, 키르케고르에 대한 부분에서 이미 언급했듯, 그것은 구체적인 것과 추상적인 것의 대립이다.

우리는 개념들로, 따라서 추상적인 것들을 추론하기 때문에, 그 문제(앞서 말한 구체적인 것과 추상적인 것의 대립)는 우리 정신에서 극도로 심각하고 심지어 비극적이다.

비극적인 이유는 추론이 단지 개념과 논리를 통해서만 수행될 수 있기 때문이고, 따라서 일반 법칙들은 개념 없이, 그리고 논리 없이 형성될 수 없기 때문이다. 다른 한편, **개념은 실체 속에 존재하지 않는다.** (매우 중요)

그런데 키르케고르가 헤겔에게 반대해 표명한 반박이 여전히 있다. 즉 "헤겔적인 진리는 미리 고안되었다." 선택이 우리의 개념 중에서 추론의 결과로 형성되는 것이 아니라, 그 개념들은 미리 선택되어 있다. 추론은 단지 이전의 선택을 정당화하는 데 쓸모 있을 뿐이다. (정신이 선택한 것과 싸우는 것은 불가능하다. -제롬스키)[59]

헤겔은 자신의 이성 속에서 이미 자신의 세계를 고안했다. 등등. 즉 (자신의 세계를) 미리 생각해 두었다. 여전히 추상적 추론의 과오이며, 이것이 정신에는 심각한 것이다. 이러한 이유로, 추론은 가능하지 않다.

---

[59] Stefan Zeromski(1864~1925). 폴란드의 소설가이자 극작가. (원주)

이와 같은 조건들 속에서 어떻게 실존주의적 추론이, 혹은 하이데거나 사르트르의 철학적 체계 같은 것이 가능한가?

실존주의자들에게 도움을 준 방법이 있다. 그것은 **후설의 현상학적 방법**이다.

하이데거는 후설이 총애하는 학생이었다. (하지만) 후설은 하이데거가 완전히 다른 목적을 위해 현상학을 이용해서 최초의 실존주의 체계를 만들어 낸 것을 절대 용서하지 않았다. (그런데) 왜 현상학적 방법이었을까?

그것은 데카르트, 포이어바흐[60] 그리고 다른 사람들에 의해서 이미 축소된 사유에 대한 새로운 축소이다.

이 환원은 다음과 같이 이루어진다. 후설이 말하길, 우리는 **누멘**에 대해 [즉 물자체, 사물 그 자체에 대해] 아무것도 말할 수 없기 때문에 누멘을 괄호에 넣는다.[61] 다시 말해, 우리가 관련하여 말할 수 있는 유일한 것은 바로 **현상**들이다.

누멘은, 예를 들면 실제로 존재하는 그대로의 의자이고,

---

60 Ludwig Andreas von Feuerbach(1804~1872). 독일의 유물론자이자, 청년 헤겔파의 대표 격 인물이다. 포이어바흐의 헤겔 비판과 스피노자에게 받은 영향을 특징으로 하는 그의 특유한 인간학적 유물론은 지배해 오던 유물론사에서 큰 전환점이 되었다고 평가받는다. 단적으로 마르크스의 변증법적 유물론은 바로 포이어바흐의 유물론이 가진 한계를 비판하면서 나온 결과물이다. 헤겔에게 초기의 셸링이 있었다면 마르크스에게는 포이어바흐가 있었던 셈이다. - 옮긴이 주

현상은 우리가 보고 있는 -혹은 개미에 의해서 보인- 그대로의 의자로서, 우리의 '본다'라는 가능성에 의해 조건 지어진 의자이다. 이는 단순히 우리의 물리적 수용 능력과 관련된 것만이 아니라, 칸트가 보여 주었듯이, 정신의 능력과도 관련된다. [즉 시간과 공간은 사물 그 자체(물자체)에서가 아니라 우리에게서 비롯된다.]

후설이 말하길, 우리는 **누멘**에 대해서 그 무엇도 알 수 없기에, 나는 그것을 괄호에 넣는다. 예를 들면, 신의 존재에 대해서 우리는 그 무엇도 알지 못한다.

그런데, 후설은 데카르트의 그 유명한 "코기토 에르고 숨"으로 돌아가서 **세계**를, 그리고 **세계와 관련된 모든 과학**(생물학, 물리학, 역사학)을 괄호 속에 넣는다. (그러면) 우리의 능력과 관련된 과학들, 즉 수학, 논리학, 기하학 등만 남는다.

그는 신과 과학들을 괄호에 넣었다.

여러분은 현상학적 방법에 의거해서 본다는 것의 엄청난 결과를 안다.[62]

---

61 Mettre entre parenthèses. 직역하면 '괄호에 넣다'인데, 철학에서는 '판단을 중지하다'의 의미로 사용한다. 이를 에포케(Épochè)라고도 한다. 그러므로 말할 수 없는 누멘에 대해서는 판단을 중지한다는 의미의 문장이다. - 옮긴이 주

62 프랑스어 'voir' 동사는 '(눈으로) 보다'라는 뜻과 '알다(이해하다, 알아차리다)'라는 뜻을 함께 가지고 있다. - 옮긴이 주

애석하게도, 나는 이사[63]가 현존하는지 여부는 알지 못한다. (하지만) 내 머릿속에 이사에 관한 어떤 생각(관념)은 가지고 있다.

마찬가지로, 나는 결코 태어난 적이 없다. 나는 결코 1904년에 태어난 적이 없다.

다만 내가 알고 있는 것은 1904년에 내가 태어났다는 것을 의식적으로 생각한다는 것과 1904년을, 다시 말해 지난 세월을 생각한다는 것이다.

모든 것이 악마에게 홀린 듯한 방식으로 바뀌었다. 그것은 우주를 바꾼다. 최종적인 중심은 의식이고, 이것이 의식에 전달된다는 것 이상은 아무것도 없다. 의식은 확실히 혼자 존재한다.[64] 다른 의식들의 가능성은 현존하지 않는다.

삶은 의식의 소여所與(의식에 주어진 것) 이외의 다른 것이 아니다.[65] 마찬가지로 논리, 역사, 나의 미래는 결코 내가 심지어 "**나의**" 의식이라고 부를 수도 없는 내 의식의 소여들 이외의 것이 아니다. 왜냐하면 "**나의**" 의식이란 "**그**" 최종

63　Isa Neyman(이사 네이먼)은 곰브로비치의 여자 친구(요즘 말로 여자 친-옮긴이)로, 그의 강의에 종종 참석하곤 했다. (원주)

64　La conscience est évidement seule. 이 구절은 '단독자'로서의 키르케고르의 개인 생존에 관한 철학을 상기시킨다. '단독자'는 키르케고르의 묘비명이라고 한다. 고독하고 절망적인 철학자 키르케고르는 11월 11일에 세상을 떠났다. – 옮긴이 주

적인 의식의 소여에 불과하기 때문이다.

모든 게 내 의식 속 현상들로 환원된다. 상황이 이러한데, 어떻게 우리가 철학을 할 수 있을까?

이 최종적인 의식에서는, 그 의식 자체를 스스로 "**판단한다**"라는 것 이외에 다른 무엇도 남지 않는다. 의식이 어떤 것을 의식하는 것처럼, 의식이야말로 의식 그 자체를 의식한다.[66] 이를테면 이러한 의식은 다음과 같이 기술할 수 있는 몇 개의 부분들로 나뉜다. 즉 첫 번째, 두 번째, 세 번째 의식이라고. 하지만 두 번째 의식은 세 번째 의식에 의해서만 기술될 수 있고, 이는 세 번째 의식에 대해서 말할 때 내가 하게 되는 바로 그것이다.

이것이 여러분에게 현상학에 관해서 설명하는 극단적으로 초보적인 방법이란 것을 부디 잊지 말기 바란다.

또한 후설이 표명한 의식의 법칙이 있는데, 이것을 우리는 **의식의 "지향성"**이라고 부른다. 다시 말해 의식은 의식된다는 것에 있다는 것이다. 하지만 의식되기 위해서는, 항

---

65 철학에서는 donnée를 '소여', '여건' 등으로 옮긴다. 자료, 정보, 소재, 이미 알려진 사실(조건), 영어로는 데이터베이스 등을 의미하는데, 이를 어려운 용어로 옮긴 것이다. 즉 삶은 의식이 부여한 어떤 재료, 의식이 제공한 소재쯤으로 이해하면 되겠다. - 옮긴이 주

66 '의식이 어떤 사물에 대해 의식하는 것처럼, 의식은 의식 그 자체를 의식한다.'라고 옮길 수도 있겠다. - 옮긴이 주

상 무엇인가에 의해서 의식될 필요가 있다. 그런데 이것은 의식이 대상과 분리된 채로 결코 비어 있을 수 없다는 것을 의미한다. 이것이 직접적으로 사르트르의 인간에 대한 이해로 통한다. 사르트르는 말하길, 대상이 그러한 것처럼[67] 인간은 즉자존재卽自存在가 아니다. 인간은 대자존재對自存在이다. 즉 자기 자신을 의식한다. 이는 빔卆에 의해서 둘로 나뉜 인간에 대한 이해에 이른다. 바로 이러한 이유로, 사르트르의 책은 무無[68]라 부른다. 이러한 무는 일종의 분수分水이고, 항상 안에서 밖으로 향하는 나이아가라 폭포이다.

한 예로, 나는 이 그림을 의식한다. 내 의식은 단순히 내 안에만 있지 않다. 그것은 그림 (의식의 대상) 안에도 있다. 이를테면 의식은 내 밖에 있다.

내가 『존재와 무』에서 이 글을 읽었을 때, 나는 기뻐서 소리를 질렀다. 왜냐하면 이것이 바로 형식을 만들지만 실제로는 진짜로 존재할 수 없는 인간에 대한 개념이기 때문이다.

『페르디두르케』는 다행스럽게도 1937년에 출간되었고, 『존재와 무』는 1943년에 나왔다. 바로 그렇기 때문에 어떤

67　다시 옮기자면 '대상은 즉자존재이지만'이다. – 옮긴이 주
68　사르트르의 『존재와 무』(1943)를 짧게 『무』라고 지칭한 것이다. 책을 의미하면서 동시에 사르트르 철학에서의 '무(無)'를 강조한 것이다. – 옮긴이 주

사람은 실존주의를 예견한 것이 나라고 호의적으로 말한다. 다시 우리 이야기로 돌아가자.

내가 후설 현상학의 방법에 대해 말했던 것은 그것이 실존주의 철학을 가능하게 했기 때문이다. 사실을 말하자면, 실존주의는 그 어떤 철학도 만들어 낼 수 없다.

나, 나는 혼자고, 구체적이고, 모든 논리와 모든 개념에서 독립적으로 있다.

이런 상황에서 어떻게 할까?

예수 그리스도처럼 십자가에 못 박힐까?

고통 속에서 죽을까?

우리는 혼자 살고, 혼자 죽는다.

불가해함.

하지만 현상학적 방법과 함께라면, 우리는 우리의 실존과 관련하여 우리의 의식이 제공한 재료들을 조직화할 수 있다. 그리고 그것이 우리에게 남는 유일한 것이다.

사람들은 후설의 방법을 아티초크[69]를 먹는 방식에 비교했다. 다시 말해 나는 내 의식 속에서 어떤 개념을 지켜본다.

---

69 지중해 연안이 원산지인 국화과의 다년생 식물이며 유럽 특히 프랑스에서 많이 소비되는 채소이다.

예를 들면 노란색. 나는 노란색을 그것의 가장 순수한 상태로 환원하려고 시도한다. 마치 아티초크처럼 한 잎 한 잎. 그리고 마침내 한가운데에 도달하면 우리는 그것에 달려들어서 삼켜 버린다.

현상학이란 현상의 가장 밑바닥 개념에 이르기까지, **가장 마지막 개념에 이르기까지** 내려감이다. 그래서 현상이 정화될 때, 우리는 달려들어서 직접적인 직관에 따라 그것을 먹어 치운다.

직관이란 추론 없는 직접적 지식이라는 점을 여러분에게 강조한다.

그렇기에 실존주의는 실존에 관한 우리의 소여들에 대해 가장 심오하고도 결정적인 설명이다.

사르트르는 하이데거에게서 많은 것을 가져왔다. 하이데거가 사르트르보다 더 창조적이지만, 사르트르가 더 명확하다.

사르트르는 실존주의에 대한 설명을 목표로 삼았다. 다시 실존주의와 앞선 철학 사이의 가장 본질적인 차이에 대해서 말해 보겠다.

고전 철학은, 심지어 인간도 약간은 사물처럼 취급되었던, 차라리 사물들에 대한 철학이었다. 반면에 실존주의는 존재에 대한 철학이고자 한다.

모든 대상은 동시에 **대상 더하기 존재**[70]이다.

사실 이러한 차이점은 거의 언제나 철학에 있었다. 심지어 헤겔의 철학인 생성의 철학에도.

하지만 실존주의는 그것에, 그러니까 정확하게 실존인 존재의 단 하나의 유형에 집중했다.

존재의 세 가지 유형은 이렇다.

1. 즉자존재卽自存在(사물의 존재).
2. 대자존재對自存在(죽은 의식의 존재. 그것에서 독립된 존재).
3. 살아 있는 존재와 현존하는 존재.[71]

실존이라는 단어는 오직 의식이 있는 인간의 실존만을 뜻하고, 따라서 오직 우리가 실존을 의식하는 범위 내에서만을 뜻한다. 무의식적 방식으로 살아가는 사람들은 실존을 갖고 있지 못한다.[72]

---

70 Chaque objet est à la fois objet plus être. '모든 대상은 동시에 대상+존재이다.' '모든 대상은 대상인 동시에 존재이다.' 혹은 '모든 대상은 동시에 대상 잉여 존재이다.'와 같은 번역문도 가능한데, 우선 독자 여러분은 대상은 단순히 대상인 것만이 아니라 동시에 무엇이다라는 의미임을 염두에 두고 계속 읽어 보기 바란다. - 옮긴이 주

71 다시 말하면, 생명체인 인간과 존재자. - 옮긴이 주

동물들은 의식이 없다.[73]

이것은 실제로 사르트르의 분류이다. 바로 이것이 『존재와 무』의 테마이다.

우리는 "즉자존재"의 특성들을, 다시 말해 대상 존재의 특성들을 어떻게 정의할 수 있을까?

1.[74] 우리는 현상들만 존재한다고 말해야 한다.(후설) 모든 것은 하나의 현상으로 나타난다. 사르트르에 따르면, 만일 어떤 사람이 어리석은 행위로만 스스로를 드러낸다면 우리는 그를 지적知的이라고 말할 수는 없다. 인간은 우리가 아는 것 이외의 다른 것이 아니다.

램프 같은 것들은 우리의 언어에 의해 자의적으로 비준된 정의들이다.

(여기서) 우리는 실존주의가 구조주의로 넘어가는 것을 보게 된다.

---

72 즉, 단순하게 말하자면, '생각 없는 사람은 사람이 아니다, 사는 것이 아니다, 존재하는 것이 아니다, 존재하지 않는다, 한마디로 사람 같지 않은 사람이다'라는 의미이니, 그런 사람에게는 모욕적일 것이다. 생각하는 대로 살아야지, 사는 대로 생각하면 안 된다는 말도 있지 않은가. – 옮긴이 주

73 당연히 '정신 못 차린다'는 뜻이 아니라, '의식을 갖고 있지 않다, 생각이 없다'는 의미이고, 그렇다면 반면에 '인간은 생각하는 동물이다'라고 하겠다. – 옮긴이 주

74 1번은 제시되어 있지만, 『철학 강의』 본문에 이어지는 2번은 없다. – 옮긴이 주

즉자존재는 누군가에 의해서 만들어질 수도, 능동적이거나 수동적일 수도 없다. (왜냐하면 그런 것은 인간의 관념이기 때문이다.)

즉자존재는 **불투명**하다.[75]

그것(즉자존재)은 있는 것으로 있다. 이것이 우리가 말할 수 있는 모든 것이다. 그것(즉자존재)은 **변하지 않는다**. 그것(즉자존재)은 창조의 주체가 아니고 무시간성이고 (신이 창조한 것으로서의) 어떤 것으로부터 연역(추론) 될 수 없다.

즉자존재는, 있는 그대로와 같은 그 **자체**로 있는 것을 (즉 조금은 신과 같은) 제외하고는, 우리가 그것에 대해 그 무엇도 단언할 수 없는 어떤 존재이다.

흥미로운 것은, **대자존재**, 즉 인간 실존은 어느 정도 즉자존재에 비해 열등하다는 것이다. 인간 실존은 그 속에 **빔**空과 **무**無를 가지고 있다. 이를테면, 인간 실존은 두 부분으로 이루어져 있다. 마치 둘로 쪼개진 것과 같다. 그런데 바로 그것이 인간 실존으로 하여금 자기 자신에 대해 의식하도록 허용한다.

---

75 Opaque. 불한사전에서는 '불투명함'을 포함하여 다른 뜻으로 '투과시키지 않는, 침투할 수 없는, 어두운, 불가해한, 난해한' 이렇게 6가지가 소개되어 있다. 사전상의 6가지 의미를 모두 소개한 것은 그 어떤 우리말로 옮기더라도 어느 정도는 다 그럴듯하고, 또 어느 정도는 다 의미장이 미묘하게 차이가 있음을 보여 주기 위함이다. - 옮긴이 주

이때 대자존재는 즉자존재와 비교해서 부차적인(보조적인, 제2의) 존재이다.

흥미로운 것은 이렇다. 내가 하게 된 이 초보적인 비교는 순박해 보일 수 있다는 점이다. 글쎄. 이 비교는 여하튼 실질적인 개념들에 이른다. 예를 들어, '인간은 그 유명한 의식의 지향성 때문에 비어 있다.'와 같은 것이 그것이다. 만일 의자가 의자라면, 이때 의식은 항상 무언가를 의식하고 있어야 하므로, 의식은 결코 자기 자신과 동일시할 수 없다. 우리는 비어 있는 의식을 상상할 수 없다. 'A는 A다.'(의자는 의자다.)라는 그 유명한 동일성의 원칙은 여기서 실현되지 않는다. 의식의 존재는 이런 의미에서 불완전한 존재이다. 하지만 우리는 좀 더 논의를 진행해 보자.

즉자존재는 사라질 수 없다. 그것은 시간과 공간과는 독립적이다. 그것은 있는 것으로 있다. 그것뿐이다. 반면에 **실존, 즉 대자존재는 끝이 있고 죽는, 제약된 존재이다.** (적어도 이런 방식으로 우리 실존은 우리 의식에 나타난다. 실존은 불꽃과 같은 것처럼 지펴져야 한다.)

아인슈타인에게 대상은 "**공간이 휘어진 부분**" 이외의 다른 것이 아니다. (이때) 의자는 에너지의 양을 상기시키고, 따라서 이 에너지는 다른 대상으로 변할 수 있거나 혹은 멈춘[76] 에너지로 남을 수도 있다. 반면에 인간 실존은 시작하고 끝난다. (탄생과 죽음).

그렇다면 이때 즉자존재로서의 인간 혹은 실존이란 무엇인가?

1. 인간은 **사물**이다. 몸을 가지고 있기 때문이다. 그리고 단지 그렇기에, 인간은 세계 속에 몸으로 있을 수 있다. 여기서 사르트르는 매우 주관적인 반응 속으로 과감하게 뛰어든다. 다시 말해, 그는 몸으로서의 인간은 **잉여**라고 말한다. 그것이 구역질의 원인이다.(구역질을 유발한다.)여기서 제목이 유래한다. 『구토』.[77]

2. 인간은 사물인데, 그 이유는 (여러분도 알다시피) 인간이 하나의 사실(사실성)이기 때문이다.[78] 이를테면 나는 과거가 있고, 이미 만들어졌고, 결정되었고, 실현되었다. 하지만 내가 미래 쪽으로 방향을 잡을 때, 나는 사물의 세계에

---

76 앞으로 끄는 힘과 뒤에서 당기는 힘이 동일한 상태에 있어서 멈춘 듯 보이는(혹은 멈춰 있는) 배를 의미하는 관용적 표현이다. - 옮긴이 주

77 *La Nausée.* 일반적으로 『구토』라는 제목으로 소개되고 있으며, '구토'와 '구역질'을 구분하여 '구역질'이라고 이해해야 한다고 주장하는 의견도 있다. - 옮긴이 주

78 이유나 정당성 없이 순전히 우연적으로 존재하는 것의 특징을 의미한다. - 옮긴이 주

서 탈출하여 나 자신의 실현으로 들어갈 수 있다.

3. 인간은 자신의 **상황**에 의해서 사물이다. 바로 이것이 인간에게서 자유를 빼앗는다.

여기 그 유명한 자유의 문제, 즉 '우리는 우리 자신에 대해서 책임이 있다.'는 문제가 있다. (이에 대해) 당연히 우리는 완벽하게 모순된 두 개의 감정을 가진다. 한편으로, 우리는 어떤 원인의 결과이다. 가령, 물을 마신다면 그것은 내가 목이 마르기 때문이다. 프로이트주의에 따르면, 만일 내가 콤플렉스를 가지고 있다면, 그것은 어떤 충격의 결과이다. 다른 한편, 우리는 자유롭다는 것을 절대적으로 확신한다. 내가 손을 움직여야 할지 말지를 결정하는 것은 나 자신이라는 느낌을 그 누구도 내게서 빼앗을 수 없다. 분명 내가 다른 사람들을 주시할 때, 우리에게 그들은 원인의 결과로 나타난다.

의사가 볼 때, 자기 환자의 질병에 원인이 있다는 것은 의심의 여지가 없다. 우리 내면에서 너무나 강한 이 자유의 느낌은 오직 우리 자신과만 관계된 것이다. 반면 우리는 타인들을 메커니즘(기계 장치)으로 간주한다. 그러므로 즉자존재는 항상 나타나는 것으로서의 원인을 가지고 있고, 그것은(즉자존재) 시작도 끝도 없다. 이 점에서 보편적 인과 관계의 느낌, 그리고 과학적 지식과 실존적 지식과의 본질적인 차이에서 기인한 우리의 자유에 대한 느낌 사이에는 분명하게 단절이 있다. 이것이 무척 중요한데, 그 이유는 그것이 결코 철학의 토대가 될 수 없는 과학의 한계를 규정하기 때문이다. 단지 의식만 과학을 의식할 수 있기 때문이고, 반면 과학은 결코 의식을 세울 수 없기 때문이다. 게다가, 과학은 인간을 다른 여러 가지 것 중 하나의 대상으로 외부에서 바라본다.

환자를 기계 장치로 취급하는 의사의 관점으로 본 맹장 수술과 환자의 관점에서 본 맹장 수술 간의 차이는 이렇다. 환자에게, 이 수술은 **경험된다**. 이 수술은 **주관적**이며, 다른 누군가에 의해서가 아니라 자신에 의해서 경험되어야 한다. 또 한 가지가 있다. 즉, 우리는 과거 속에서는 인과 관계의 지배를 받는다고 느꼈지만, 미래는 우리 자신에게 달린 것처럼 보인다는 것이다. 그렇기에 하이데거는 실존적 시간이 미래라고 말했다. 인간이 하는 모든 것은 과거의 관점에서 고려될 수 있다. 나는 담배를 피우고 싶으므로 손을 움직인다. 그런데 미래의 관점에서 보자면, 나는 파이프를 잡기 위해 손을 움직인다.

따라서 우리는 자유란 오직 실존에 고유한 것이고, 반면에 인과성은 **즉자존재의** 속성이라고 확언할 수 있다.

실존주의는 과학이 아니다.

실존주의에서 모든 것은 기계 장치가 아니다. 구성 요소들의 총합은 항상 총합 이상의 어떤 것을 의미한다. 한 문장을 형성하는 단어가 오로지 일정량의 단어인 것만이 아니라 어떠한 **의미**이기도 하다는 것을 생각해 보자. 의학, 심리학, 역사학 등등에서 적절한 **외부에서** 인간을 대상으로 바라보는 방식과, 말하자면 **안에서**, 자기 존재 속에서 의식하는 실존주의의 방식 사이에는 하나의 **심연**이 있다.

실존주의

실존주의는 주관성이다. 개인적으로 나는 상당히 주관적인 사람이고, 내가 보기에는 이러한 태도가 현실에 부합한다.

주관적 인간(은)

구체적인(현실적인, 실제적인) 인간(이다).

인간이라는 개념이 문제가 아니라, 피에르 혹은 프랑수아라는 것이 구체적인 문제다. 왜냐하면 인간에 대한 개념은 존재하지 않기 때문이라고 키르케고르는 말한다.

이런 이유로 실존주의에서 추론한다는 것은 굉장히 어렵다. 왜냐하면 추론은 개념에 기반하기 때문이고, 오직 현상학적 방법론을 재빠르게 자기 것으로 삼은 하이데거의 배신 덕분에 우리는 [원문 불완전함] 말할 수 있게 된다.

실존주의자는 **주관적이고 자유로운** 사람이다.

이런 사람은 과학적 외부에서 볼 때 항상, 기계 장치와 같은 인과 관계에 종속된 사람과는 반대로 우리가 자유 의지라고 부르는 것을 가지고 있다.

'인간은 자유롭다'는 이런 대담한 주장은 모든 것이 원인과 결과인 세상에서 완전히 미친 소리처럼 보인다. 그런 주장은 다음과 같은 원초적인 감각에, 즉 우리는 자유로운데 내가 왼손을 움직이는 것이 내가 원해서가 아니라는 것을 내게 설득할 방법이 없다는 것에 기반하고 있기 때문이다. 이 자유의 가능성이 무엇에 근거하고 있는지 정확히 표현하는 것은 쉽지 않다.

나는 그 주장이 시간의 차이에 기반한 것으로 생각한다. 인간의 시간은 과거가 아니라 미래다. 우리가 무엇인가 한다면, 그것은 **때문에**가 아니라 **위해서**이다. "나는 기억하기 위해서 읽는다." 등등.

과거에는 인과 관계가 있었다면, 미래에는 인간의 실존 속에서 미래에 직면한다.

더 심오하게는, 우리는, 예를 들어, 물리학에서 드러나는 것과 동일한 내적 단절을 발견한다고 말할 수 있다.

인간, 이 대자존재는 (구멍에 의해) 두 개로 나뉜다. 이 무無 속으로, 이 빔(구멍) 속으로 자유의 개념이 침투한다. 사르트르에게 **자유**는 그의 도덕 체계의 토대이기 때문에 대단히 중요한 역할을 한다.

사르트르는 도덕주의자이고, 그는 후설이 데카르트에게서 보았던 것과 동일한 일탈이 프랑스 철학에서 다시 등장하는 것에 호기심이 있다.

데카르트는 극도의 범주적인 방식으로 사고를 의식에 대한 단순한 설명으로 환원한다. 하지만 갑자기 신과 세계의 소멸에 겁을 먹고서 그는 스스로를 배신한다. 그는 신의 존재를 인정했다. 그런데 이것은 이미 신의 존재에서 세계의 존재를 추론하는 것이다.

그런데, 사르트르에게서, 내 생각에는 우리가 똑같은 비겁함에 직면한다. 『존재와 무』에서 약 15페이지 정도를 할애해, 사르트르는 절대적으로 명백해 보이는 현상, 즉 '나'가 아닌 다른 사람의 실존을 논리적으로 근거 짓기 위한 극적인 노력을 기울인다. 예를 들어 비톨트의 실존이라는 현상은 의자의 그것과 동일하다.

사르트르는 칸트, 헤겔, 후설의 모든 체계를 분석한다. 그리고 그 어떤 체계도 타인을 인정할 그 어떤 가능성이 없다는 것을 보여 준다. 왜 없을까? 인간이 된다는 것은 주체가 된다는 것이기 때문이다. 의식을 갖는다는 것은 나머지 모두를 대상으로 인식하는 것이다. 만일 내가 비톨트 역시 의식을 가지고 있다고 인정한다면, 이때 이 나는 당연히 주체인 비톨트에게 하나의 대상이다. 주체인 동시에 대상이 되는 것은 불가능하다. 그런데 여기서 사르트르는 겁을 먹었다. 고도로 발달한 그의 도덕은 다른 사람이 존재하지 않는다는 것을 인정하기를 거부한다. 왜냐하면 그렇게 되면(다른 사람이 존재하지 않게 되면) 더 이상 도덕적 의무가 존재하지 않기 때문이다. 타인은 대상으로 있으므로.

항상 (과학적) 마르크스주의와 (그 반대인) 실존주의 사이에서 갈등했던 사르트르는 데카르트처럼 두려움에 떨었다. 그는 아주 단순하고 솔직하게 이렇게 말했다. 타인의 실존을 인정하는 것이 불가능하다고 할지라도, 명백한 명증성으로 그 실존을 인정하는 것 이외의 다른 방법은 없다. 거기서 사르트르의 철학 전체가, 그 철학의 모든 창조적 가능성들이 무너진다. 그래서 비상한 천재성을 타고난 이 사람은 사실상 양보의 철학을 해야 하는 슬픈 호인이 (마르크스주의 - 실존주의) 된다. 그의 사상은 마르크스주의와 실존주의 사이의 타협물이 된다. 그래서 그의 모든 책은 모든 것이 미리 구상된 테제를 지탱하는 데 이미 사용된 도덕 체계의 기반이 된다. 그런데 도덕 체계의 기반, 그것이 그 유명한 사르트르적 자유이다.

그는 이렇게 말한다. "나는 자유롭다. 나는 자유롭다고 느낀다. 그렇기 때문에 내겐 항상 선택의 가능성이 있다. 인간이란 늘 상황 속에 있고 따라서 단지 상황 속에서만 선택할 수 있기에 이 선택은 제한적이다. 예를 들어, 나는 침대에 있을 수도 있고 혹은 걸을 수도 있다. 하지만 날개가 없으므로 날기를 선택할 수는 없다. 자유로운 선택이 있고, 인간은 그에 대한 책임을 진다. 만일 내가 두 가능성 사이에서 선택하는 것을 거부한다면, 이것 또한 제3의 태도를 선택하는 하나의 방식이다. 만일 우리가 공산주의와 반공산주의 사이에서 선택하고 싶지 않다면, 중립이 있다." 사르트르는 또한 이렇게 말한다. 인간은 가치의 창조자다. 이것은 고집스러운 무신론의 직접적 귀결이고, 모든 철학에서 가장 모순되지 않은 것이다.

그런 것이 문제다.[79] 왜냐하면 우리가 신이라는 개념을 잃었기 때문에, 이때 우리 스스로 우리의 절대적 자유로 인해 **가치의 창조자**가 되어야 한다. 그리고 이런 의미에서 우리는 우리가 원하는 것을 할 수 있다. 예를 들면, 만일 나의 선택이라면, 나는 X를 암살하는 행위를, 혹은 암살하지 않는 행위를 올바르다고 생각할 수 있다. 두 개의 가능성이 존재하지만, 내가 그 가능성들을 선택함으로써 나는 스스로 암살자가 될지 말지를 선택한다.

여기서 나는 철학에서 지성주의의 과도함과 감성의 데카당스를(감소를) 인식한다고 생각한다. 쇼펜하우어를 제

---

79 Telle est la situation. 셰익스피어의 "죽느냐 사느냐, 그것이 문제다."를 연상시키는 부분으로, 마르크스주의와 실존주의 사이에서 사르트르의 상황이 그러하다는 것으로 이해하면 되겠다. – 옮긴이 주

외하고, 모든 철학자는 안락한 의자에 편안하게 앉아서 고통을 완전히 기품 있게 경멸하는 사람들처럼 보인다. 그 경멸은 치과에 가서 **아야, 아파요, 선생님**이라고 소리치는 바로 그날 사라질 것이다. 고통에 관한 이론적 거만함 속에서 사르트르는 이렇게 말한다. 즉 고통을 선善으로 선택한 사람에게, 고통은 천상의 즐거움이 될 수 있다고. 이런 주장이 내게는 정말 다행한 일이지만, 오랫동안 큰 고통을 겪지 않았던 프랑스 부르주아 계급의 너무나 고통스럽고 특징적인 것으로 보인다. 자유는 상황과 우리가 "**사실성**"(예를 들어 우리가 몸을 가지고 있다는 사실, 우리가 세계 속에서 하나의 사실, 하나의 현상이라는 사실)이라고 부르는 것에 의해 제약되어 있다는 사르트르의 단언에도 불구하고, 이 모든 제약에도 불구하고, 그는 너무 멀리 나간다.

실존적인 인간은

구체적이고,

혼자이고,

무로 만들어지고,

때문에 자유롭다.

그 인간은 자유를 선고받았고, 그 인간은 자기 자신을 위해 **선택**할 수 있다.

만일 우리가, 예를 들어 진실됨이 아닌 경박함을, 진리가 아닌 거짓을 선택한다면 무슨 일이 벌어질까? 지옥이 없다면 징벌도 없다. 실존적인 관점에서 보자면 유일한 징벌이란 이 사람이 진정한 실존을 가지고 있지 않다는 것이다. 그러므로 이 사람은 실존자가 아니다. 여기에 사르트르만큼이나 하이데거의 말장난이 있다. 소위 비非실존을 선택한 사람은 분명 그런 말장난을 비웃을 것이다.

실존주의의 미래는 어떻게 될까?

무척이나 크다.

나는 실존주의가 하나의 유행이라는 피상적인 판단들을 믿지 않는다. 실존주의는 의식의 내적 단절의 근본적인 사실이라는 결과이고, 이 의식은 단순히 인간의 근본적 자질 속에서만 드러나는 것이 아니라 -극히 흥미로운 사실인- 예를 들어

- 입자적인 실체와
- 파동적인 실체를

인식하는 두 가지 방식을 가지고 있는 물리학에서도 명백한 의식이다.

예를 들면 빛에 관한 이론들.

그런데, 실험이 증명하는 것처럼, 위의 두 이론 모두 옳

다. 하지만 이 이론들은 모순적이다. 전자와 관련된 물리학의 개념 속에서도 동일한 현상이 있다. 즉 전자를 보는 두 가지 방식이 있는데, 이 두 방식 모두 정당하고 모순된다. 그런데 내가 보기에 인간은 주관적인 것과 객관적인 것 사이에서 돌이킬 수 없는 방식으로, 게다가 영원히, 나뉘어 있다. 이것이 우리가 가진 일종의 비통함(상처)이며, 이를 치료하는 것은 불가능하며, 우리가 점점 더 의식하게 되는 (정신적 외상인) 것이다. 세월이 가면서 그 상처는 여전히 더 "피를 흘릴" 것이다. 왜냐하면 상처는 의식의 변화와 더불어 계속 증가하기만 할 것이기 때문이다.

헤겔 변증법(정-반)의 심오한 진리는 여기서 나타난다. 이런 조건들에서는 인간에게 조화로울 것과 그 무엇이든 해결하라고 요구하는 게 불가능하다. 근본적 무능함.

어떤 해결책도 없다.

이러한 성찰에 비추어 볼 때, 우리가 세상을 바로잡을 수 있다고 생각하는 문학은 상상할 수 있는 가장 멍청한 것이다.

자기가 실체의 주인이라고 믿는 어떤 한심한 작가[80]는 어떤 우스꽝스러운 것이다. 하! 하! 하! 대단해!

---

80 이 작가는 당연히 사르트르를 가리키는 것이겠다. - 옮긴이 주

사르트르의 자유

자유는 어떤 하나의 경험이다. 자유는 인간적 실존의 시간인 미래의 시간과 연결되어 있다.

자유는 **인과성**의 반대 개념인 합목적성을 특징으로 한다. **인과성**의 세계에서는 어떤 원인에 의해서 강제되었기 때문에 우리는 어떤 것을 한다. 합목적성의 세계에서는 어떤 것을 위해서 어떤 것을 한다. 나는 담배를 피우기 위해 파이프를 잡는다. 자유는 항상 어떤 **상황** 속에서 실현된다. 다시 말하자면 각각의 상황에서 나는 선택할 자유가 있다. 하지만 나는 상황 밖에 있는 어떤 것을 선택할 수는 없다. 예를 들어, 나는 걷거나 앉을 수는 있지만 날 수는 없다.

결국, 모든 가치의 근간은 바로 자유이다. 무신론이 사르트르적 실존주의 전체의 토대라는 것을 잊지 말아야 할 것이다. 그는 자신이 했던 것처럼 무신론의 끝까지 가 보는 것이 그리 쉽지 않다고 말했다. 우리가 저기 끝에 있게 될 때 신이 존재하지 않기 때문에, 나의 모든 성품(자질, 장점)이나의 자유 속에서 나에 의해 정립되었다는 것을 보게 된다. 예를 들어서 나는 고문을 최고의 선善으로 정립할 수 있다. 다시 말해 도덕적인 것과 비도덕적인 것 두 가지 모두 우리가 완전한 자유 속에서 결정한 것이다. 하지만 사르트르의 모든 작품에서 그렇듯, 우리는 곧바로 뒷걸음질을 발견하게 된다. 우리는 그가 가장 절대적인 비도덕주의자라고 생각할 수도 있지만, 그렇지 않다. 그는 100퍼센트 도덕주의자이다. 내가 사르트르 철학의 이러한 측면을 잘 이해한 것이라면, 그의 철학은 상당히 부자연스럽다.

1. 자유를 가진 인간은 **자신의 가치들**을 [성품(자질)을 가치로 대체한 것] 선택하면서 자기 자신을 스스로 선택한다. 그것은 **인간의** 자유로운 선택에 달렸다. 그러나 하이데거가 진정한 실존, 따라서 참된 삶 혹은 다른 세계라고 불렀던 것은 나의 선택에 따른다.

2. 결과적으로, 인간은 자신의 자아에 대한 책임이 있지만, 인간은 또한 세계에 대한 책임도 있다. 왜냐하면 **자신을 선택한다는** 것은 세계를 선택하는 것을 의미하기 때문이다. 그렇게 되면, 나는 스스로를 히틀러주의자로, 나치로 선택할 수 있고, 그러면 나치 세상을 선택하는 것이다.

사르트르는 이런 질문을 받았다. 만일 우리가 자기 가치의 자유로운 창조자라면, 어째서 우리는 히틀러주의를 선택할 수 없는가? 그리고 예를 들어 무엇이 나로 하여금 마르크스주의를 선택하도록 의무를 부과하는가?

이와 같이 너무나 간단해 보이는 모순은, 내 보잘것없는 의견에 따르면, 사르트르에 의해서 충분히 명확하게 해명되지 않았다. 왜냐하면 당연히 도덕은 자유에 대한 제약이기 때문이다. 비록 이 제약을 선택하기 위해서는 여러 가지이유가 있어야 하더라도 말이다. 여기서 사르트르는 자유라는 주제에 대해 너무나 단호하다. 그는 선택이란 오직 우리에게만 달렸으며, 예정된 가치들이란 없고, 가치들을 만들어 내는 것은 바로 우리의 선택이라고 말한다. 인간은 전적인 자유를 가지고 있음에도 불구하고, 예를 들어 식사와 같은 삶의 기본적인 필요들을 충족시키도록 처해 있다고 상상할 수도 있다. 하지만 그것도 역시 나에게 달려 있다. 만일 내가 자살을 선택한다면 나에게 음식은 모든 가치를 잃는다. 따라서 자기 자신을 앞에 둔 인간의 이 같은 절대적 책임성으로부터 키르케고르와 사르트르만큼이나 하이데거에게서도 실존주의의 특징적인 불안[81]이 탄생한다.

---

81 실존주의의 기본 개념으로서의 불안을 의미한다. - 옮긴이 주

이 불안은 무無에 대한 불안이다. 하이데거는 **내가 두려 워할 때** 나는 어떤 것을, 예를 들어 호랑이 같은 것을 두려 워한다고 말한다. 그런데 만일 내가 특별히 두려운 것이 없 다면, 그것은 불안이다. 사르트르에 따르면, 이 불안은 우리 실존에 대한 우리의 책임성으로부터 생긴다. 예를 들어 우 리는 키가 작은 내가 만일 큰 키를 바란다면, 이런 나의 선 택에 대해 '어떻게 내가 절대적으로 자유로운 것인가?'라 고 의아해할지도 모르겠다. 그런데 이 선택은 어떤 사실에 대한 선택이 아니다. 이것은 어떤 가치에 대한 선택이다. 내가 내 키를 자유롭게 선택할 수는 없지만, 그것은(가치를 선택하는 것은) 키가 작다는 것을 어떤 장점이나 결점으로 간주하는 나에게 달려 있다.

우리의 자유에는 우리가 인간의 **사실성**이라고 부르는 것 에서 비롯되는 다른 불가능성들도 여전히 존재하고 있다. 인간은 자기의 몸과 자기의 메커니즘 등과 같은 것에 의해 서 인과성이 지배하는 세계에 속해 있다는 것을 잊지 말아 야 한다. 왜냐하면 누군가 우리를 칼로 찌른다면, 우리는 분 명 모든 동물처럼 피를 흘리게 될 것이다. 자유는 단지 실존 에서만, 대자존재라는 이처럼 특정한 종種에서만 나타난다.

불안은, 내가 나를 선택해야 하므로 아직 내가 아닌 것과 같은 것으로서의 나 자신을 앞에 둔 불안이다. 이 불안은 자유에 대한 자각에서 비롯되며, 이 불안이 인간의 근본적인 구조이다. 대부분 인간은 이와 같은 문제들 앞에서 도망치기 때문에 불안을 느끼지 못한다. 그런데 불안으로부터 도망침으로써 인간은 불안을 드러내 보인다.

사르트르는 이것을 **기만행위**라고 정의한다. 그에 따르면 기만행위는 우리 자신을 속이려는(왜곡하려는), 우리 자신에게 거짓말을 하려는 행위이며, 이런 사람들은 의지를 거부하지만, 이 거부 행위 역시 자유롭고 그들은 그것을 알고 있다. 이로부터 우리 자신을 앞에 둔 우리의 끔찍한 고독과 우리의 책임을 잊게 해 주는, 안심시키는 신화가 나온다. 사르트르는 이러한 책임을 앞에 두고 숨어 버린 사람을 "**비열한 작자**"라고 부른다.

사르트르의 유명한 단편으로 「어느 지도자의 유년 시절」이 있다. 이 단편에는 자신의 동성애 성향을 앞에 두고 공포에 사로잡힌 한 젊은이가 동성애를 선택하지 않기 위해서 반유대주의를 선택한다. 그래서 그는 모든 사람을 위한 반유대주의자가 된다. 이것이 그의 특징이고, 그의 의무감 등등이다. 우리의 근본적 책임감을 앞에 두고 도망침으로써 다른 사람이 되기를 선택하거나, 신이나 자연법칙 등과 같은 절대적 가치를 선택한다. 여하튼 이제 사르트르는 자신의 도덕이 무엇으로 이루어져 있는지 정의한다.

그것은 자유를 선택하는 것이고 자유를 긍정하는 것이다.

이것이 사르트르의 공산주의의 근간이다. 우리는 가치들에 의해 정의된 체계인 공산주의를 선택하면서도 왜 사르트르가 비열한 작자가 아닌지 의아해할 수 있다. 그 이유는 다른 모든 사회 체계는 인간에 의한 인간의 착취, 즉 자유에 대한 제한을 의미하기 때문이다. (그런데) 공산주의를 선택하면서 우리는 자유를 선택한다.

타인의 시선

우리는 타인의 시선에 굴복한다. 당연히 타인의 실존을 인정하는 것이 필요하다. 그것은 **명증**하다. 사르트르는 그 사실을 정당화하기 위한 철학적 이유를 찾지는 않는다. 타인의 시선은 우리에게서 자유를 **빼앗고**, 우리를 정의한다. 타인에게는 우리가 어떤 사물, 어떤 대상이고, 우리는 성격이 있다. 등등. 타인의 시선은 우리의 자유에 반하지만, 타인의 자유를 인정함으로써만 우리는 그의 시선에서 벗어난다. 사르트르의 모든 도덕은 **자유를 인정하고 긍정하는** 데 있다.

따라서 당연히, 사르트르는 모든 작가가 참여해야 하고, 좌파에 속해야 하며, 엄격한 규칙에 복종해야 한다고 주장한다! 덜 성공적이었던 다른 작품들에서 사르트르는 특히 (『변증법적 이성 비판』에서) 실존주의와 마르크스주의를 양립시키려고 시도한다. 이는 당연히 허튼소리이다.

하이데거

사르트르 전에 마르틴 하이데거가 있었고, 확실히 그가 가장 창의적이다. 1889년생. 프라이부르크대학 교수. 1927년 『존재와 시간』의 저자.

즉시 언급해야 할 것은, 하이데거는 두 번째 권을 쓸 예정이었지만 자신의 사유를 끝끝내 조직화할 수 없었다는 것이다. 그것은 난해하고 고통스러운 사유였다.

실존주의는 우리의 의식과 실존의 관계를 서술하는 것과 다름없다. 다른 말로 하자면, 인간에게 가장 심오하고 결정적인 측면들을 서술하는 것이다. 우리는 더욱 피상적인 부차적 측면들을 제거함으로써 나아가고, 그렇게 해서 우리의 실존을 향한 더욱 심오한, 더욱 정확한 개념들에 도달한다. 이 현상학적 방법은 신 등과 같은 것에 전념하는 것이 아니고, 우리의 의식이 우리라는(인간이라는) 특정한 종種, 즉 우리의 실존에 직면할 때 바로 우리의 의식 속에 있는 것에만 몰두하는 것이다. 이것이 현상학적 존재론이다.

존재론이란 존재(실존)에 대한 과학을 의미한다. 현상학적이란 현상 외에는 아무것도 없다는 것과 현상 뒤에서 어떤 것을 찾을 필요가 없다는 것을 의미한다. 바로 이러한 의미에서, 이 방법은 완전히 신의 존재를 부정하는 것이다.

하이데거는 그토록 복잡한 추론은 필요가 없고, 오히려 영웅적인 진솔함이 필요하다고 말했다.

즉 '존재란 무엇인가?'와 같은 일반적인 존재론이 주요 문제이다. 여기서 우리는 쇼펜하우어주의를 살짝 재발견한다. 다시 말해 우리의 실존에 대한, 우리에게 "존재"가 의미하는 것에 대한 분석을 통해 우리는 『존재와 시간』 제2권에서 해결되었어야 했던 일반 문제에 도달할 수 있다.

첫 번째 질문 :

존재란 무엇인가?

실존이란 무엇인가?

("존재"의 형식은 무엇인가?)

두 번째 질문 : 이 실존의 의미는 무엇인가?

하이데거는 모든 사람이 그것을 알고 있지만 누구도 대답할 수 없다고 말한다. 이것은 바로 성 아우구스티누스가 시간에 대해서 했던 말이다. 즉 "내게 묻지 않을 때는 그것이 무엇인지 안다. 하지만 내게 물을 때는 모른다."[82]

고전 철학은 존재를 경험하면서가 아니라, 이성적인 방식으로 설명하고자 했다. 하이데거가 말하길, 우리는 인간 존재로 시작하고, 이후에 일반 존재로 넘어간다.

그런데 우선은 인간만이 자기 실존에 관해 의문을 가질 수 있다는 것을 인정해야 한다. 하지만 어떻게?

이것은 자기 성찰은 아니다. 왜냐하면 자기 성찰과 정신 분석은 실존 그 자체에서가 아니라 실존의 현상들과의 접촉에 의해서 쇄신되기 때문이다.

실존은 무엇인가? 다시 말해 인간의 특정한 존재란 무엇인가?

그(하이데거)는 말한다.

실존은 "다-자인Da-sein(현존재)", 즉 (저기) "저기 있음"과 "저기 있음"이라고 부르는 것에 의해서 정의된다. 인간 존재란, 인간으로 존재한다는 것이다. "자인데스(Seindes, 존재자)", 그것은 사물의 존재 방식이고, 시간이 없는 부조리한 방식이다. 의자. 의자는 존재하지만, 의자는 그것을 알지 못한다.)

그런데 인간 역시도 하나의 존재자 "자인데스"인데 인간

---

82 가장 유명한 '시간'의 아포리아. - 옮긴이 주

은 그것을, 즉 사물 존재라는 것을 의식한다. 하지만 인간은 또한 그것에 대해 초월적이다. (초월적인 : 내 속에 있는 것이 밖을 향해 나아가는 것) 왜냐하면 인간은 사물이지만, 또한 인간은 그 이상의 어떤 것이기도 하기 때문이다. 인간은 사물을 넘는다. 인간은 초월적이다. **자인**(Sein)이라는 말은 존재이다.

실존주의(하이데거)

우리 의식과 우리 실존의 대면. 인간에 관한 것이 아니라 인간적 존재에 관한, 이를테면 인간에게 고유한 존재 방식에 관한 것이다.

자인데스(존재자), 그것은 의미가 없는, 부조리한 사물의 존재 방식이다.

여러분은 실존주의가 어떤 개념의 의미나 신의 의미가 결핍되었다는 것에 관해 말하는 것이 아니라 사물의 존재 방식에 대해 말한다는 것을 잘 알 수 있다. 사물은, 이를테면 아무것도 하지 않은 채 여기 있기 때문에 부조리하다. 사물은 있는 그대로 있다. 사물은, 역사를 갖지 않는다. 사물은 시간 속에 있지 않다. 사물이 시간 속에서 망가진다는 것은 사실이지만, 사물은 그것을 수동적으로 겪는다. 사물은 항상 있는 그대로 있다. 자인(Sein, 존재)은 양식이 있고, 의미 있다. 그런데 **"다-자인(현존재)"**이 사물 존재에 의미를 부여한다.

무엇보다 그것은 인간에 대한 긍정이다. 다음에는 사물들에게, 다시 말해 **인간들에게** 의미를 부여하는 것이 문제가 된다.

우리는 이미 사물은 제한이 없다고 말했다. 우리는 테이블이 어디서 끝나고 마루가 어디서 시작하는지 말할 수 없다. 왜냐하면 사실 그런 문제(테이블의 끝과 마루의 시작)는 항상 원자로 이루어진 물질과 관련된 것이기 때문이다. 아인슈타인에게 에너지는 공간이 **"휘어진 부분"** 이외의 다른 것이 아니고, 그런 것은 인간이 정의하기 때문에 정해진 것이다. 인간은 자신의 필요와 계획의 관점에서 그렇게 한다. 의자는 앉기 위한 것이고 테이블은 글을 쓰기 위한 것이다. 그렇기에 **다-자인(현존재)**은, 즉 우월한 존재인 실존은 당연히 의미 있는 존재인, 인간 존재인, 실존인 더 우월한 존재를 만들어 낸다. 하이데거가 말하기를, 부조리한 실존은 **존재적인것**이고, 반면에 양식이 (의미가) 있고 우월한 실존은 존재론에 이른다.

사르트르에게 영감을 준 중요한 것이 또 있다. (사르트르는 하이데거에게서 많은 것을 가져왔다.)

하이데거는 인간의 본질은 실존이고, 인간은 정해진 어떤 것이 아니라고 말한다(예를 들면) 가톨릭 철학에서와 같은. 인간의 모델은 없지만, 인간은 자신을 스스로 만드는 중인 어떤 실존이다. 미묘하지만 심오한 차이점. 어떤 사람이 인간이라고 말할 수는 없다. 단지 그가 인간이 된다고, 그가 스스로 인간 실존으로 실현한다고는 말할 수 있다. 바로 이러한 이유로 사르트르는 인간에게 스스로 선택하는 완전한 자유를 부여한다.

하이데거는 자신이 보잘것없다고 부르는 실존과 진정하다고 부르는 실존을 구별한다. 이때 인간은 두 개의 도면 위에 존재한다.

1. 일상적인, 즉 **진부한** 실존.
2. 그리고 **진정한** 실존.

키르케고르가 동일한 분류를 했지만, 그는 종교적 삶을 추가했다. 그런데, 사르트르나 마르크스와 마찬가지로 하이데거에게 종교란 진정한 인간 조건과 대면하는 것을 피하기 위한 인간의 발명품이다. 그렇다고 일상의 삶이 반드시 전적으로 진부한 것은 아니다. 인간은 진부함과 진정함이라는 두 차원에서 존재할 수 있다.

이때 우리는 이러한 진정한 실존의 중요성과 가치가 어떤 것인지 묻게 될 것이다.

하이데거는 인간이 스스로를 만들어야 한다고 말한다. 인간은 사물이 아니지만, 어쩌겠는가! 인간은 스스로를 "인간"으로 만들어야 한다. 진부한 삶이란 단지 자기 자신 앞에서의 도망침이다. 이것은 스스로를 망각하고 사라지기 위함이다. 인간이 된다는 것은 하나의 가능성일 뿐이다. 우리는 나라는 단어를 사용하지 않고 우리라는 단어를 사용하고 있다. '우리는 **영화관**에 간다. 우리는 **정치적 의견이 있다.**'처럼. 때문에 인간은 자신의 사회적 지위와 자신을 동일시한다. '**우리는 엔지니어이다.**'처럼. 등등.

여러분은 하이데거의 심층적 탐색이 어느 방향을 향하는지 이해하고 있다. 인간은 **정말로 인간이 되어야 한다.**

이러한 개념에 비추어, 여러분은 인간적인 삶을 가진 사람들이 거의 없다는 것을 알게 된다. 우리가 사물과 맺는 관계는, 특히나 그가 독일어로 **조르게**Sorge(염려)[83]라고 부르는 것에 의해서 지배되는 공리주의적 관계이다.

『존재와 시간Sein und Zeit』은 생명 보존을 위한 인간의 끈질긴 염려, 즉 **조르게**를 밝히는 것으로 시작한다.

'대체 사람들이 무슨 이야기를 하고 있나!'와 같은 대중

심리적 의미에서는, 인간의 피상적 관계란 바로 호기심이다. '사람들이 무슨 이야기를 하는 거야!'와 같은. 좀 더 심오한 의미에서는 인간, 세계, 존재, 과학적 혹은 철학적 혹은 종교적인 문제에 대한 해석이다.

그것은 또한 실존을 진부한 것으로 만드는 방식, 실존 앞에서 도망치는 방식이기도 하고, 삶의 가장 심오한 의미를 피상적이고 제안된 과학으로 대체하는 수법이다. 인간 안의 극적인 것은 (그리고 여기 이 부분이 다시 사르트르를 생각하게 만든다) 인간이 자신의 실존을 통해 사물에 의미를 부여한다는 것이다. 그런데 인간은, 예를 들어 과학에 전념할 때는 그것에 진정하지 않은 의미를 부여한다.

그는 (하이데거는) 왜곡한다. **실존주의는 과학에 저항한다.** 진정하지 않은 영역에서 진정한 것으로의 이행은 문화

---

83 하이데거에게 인간의 본성은 독일어로 '불안(Angst)'이다. 여기서 '불안'은 일반적인 의미에서 어떤 사물을 두려워하거나 어떤 관계망에서 생겨난 결과를 두려워한다는 뜻이 아니다. 바로 '이 세상에 있다는 것에 대한 두려움'이다. 인간의 이 '불안'은 대상도 목적도 없으며 까닭을 알 수 없는 두려움이다. 인간은 이 불안감 앞에서 어찌해 볼 도리가 없다. 인간은 시간적인 존재자이므로 언제 어디서든 죽을 수 있기 때문이다. 이런 불안감 때문에 사람은 죽음 앞에서 살기 위해 안간힘을 쓰는 것이다. 따라서 인간이 세상에 살면서 사물이나 타인과 교류하는 것을 독일어로 '조르게(염려)'라고 한다. 염려하는 과정에서 인간은 쉽게 자기 개성을 잃어버리고 아무 특징도 없는 사람으로 침윤되어 버린다. - 옮긴이 주

와 지식의 과정에 있는 것이 아니라, 그가 **도약**이라고 부르는 것 속에, 즉 불안과 그것의 직관적 인식(계시, 폭로)을 받아들이는 결정 속에 있다. 불안은 실존주의에서 끔찍한 역할을 한다.

불안을 어떻게 정의하는가?
두려움은 무언가에 대한 두려움이다.
불안은 무에 대한,
　　　무의미에 대한,
　　　　세상에 의미를 부여하지 않음에 대한,
　　　　그리고 사라짐에 대한 두려움이다.

그것은 무에 대한 경험이고, 유럽의 문화와 문학에 따라 어리석은 방식으로 지배되어 버린 무에 대한 강박관념의 주요 원천 중의 하나이다.

나에게 어리석음이란, 인간의 진정한 현실이 전혀 아닌 극단주의의 결과이다. 인간은 평균적인 온도가 필요한 존재이다. 소우주도 대우주도 인간의 영역이 아니다. 현대 물리학은 미시 세계와 거시 세계에서 완벽하게 정확한 법칙들이 우리 인간의 현실에서는 실현되지 않는다는 것을 증명한다.

천문학적 차원에서 증명되었듯이, 인간에게는 곡선이 아

니라 직선이 항상 두 지점 사이의 가장 짧은 거리일 것이다. 나는 몽테뉴 학파에 속하고, 그렇기 때문에 좀 더 겸손한 태도에 찬성한다. 다시 말해 우리는 이론에 굴복해서는 안 되며, **체계들이란 수명이 매우 짧다는 것을 알아야 하고, 따라서 현혹되지 말아야 한다는 것을 알아야 한다.**

여러분도 알고 있듯, 이것이 문학에 있어 멋진 주제이다!

실존은 무無로 이루어져 있고(헤겔적 사유), 따라서 무의 실존에 의해서만 발견될 수 있다. [예를 들면, 도스토옙스키의 『악령(Les Possédés)』에 나오는 결투 장면]

인간은 자신의 형식에 속아서는 안 된다. 좀 더 나아가서 인간은 모든 정의, 모든 이론, 우리가 원하는 모든 것으로부터 도망친다고 말해야 한다.

인간이 자신의 가장 심오한 사유와 맺는 관계에는 인간의 미성숙함이라는 특징이 있다. 마치 다른 사람들을 앞지르기 위한, 그들보다 더 유식해지기 위한 하찮은 목적으로 중요한 것들을 말하려고 노력하는 초등학생 같다.

살아야 하고 살도록 해야 한다.
미리 계획하지 않은 문학.

높은 정신성은 드문 것이고, 인류는 차이점들에 의해 특징지어진다. 모든 인간은 자신의 세계가 있다.

일반적으로 무無는 모든 철학에서 존재의 변증법적 모순으로 간주하였고, 여러분은 우선 어떤 것이 있다고 생각하고 그 이후에야 무엇인가를 제거하면 무가 있다고 말하면서 무의 개념에 다다를 수 있다.

그런데 하이데거는 '어째서 차라리 아무것도가 아니라 존재가 존재하는가?'라는 유명한 강연을 했다.

하이데거에게 존재는 무의 모순으로서 두 번째로 나타난다.

1. 무.
2. 존재.

이 정의는 무척 근거 없는 것처럼 보일 수 있지만, 바로 이것이 인간 실존은 무와 끊임없이 대립한다는 매우 흥미롭고 진실한 경험으로 이어진다. 인간은 항상 죽음과 소멸에 위협당하면서 되살아나고 기름 부어지기를 요구하는 불꽃처럼 유지된다.

결론적으로 하이데거에 따르면 실존의 일반적인 특성은 이렇다.

1. 그것은 바로 조르게, 즉 염려이다.

인간의 삶은 전혀 보장되지 않지만, 끊임없이 쟁취를 요구하고, 삶이란 우리가 가지고 있지 않은 것을 쟁취하는 것이다.

2. 인간 존재는 제한되어 있고 끝이 있다. 그 이유는 바로 인간 존재가 자기 안에 무無를 가지고 있기 때문이다. 진정한 실존은 인간의 유한성을 긍정한다. 진정한 실존은 도덕적 상수를 가지고 있다. 진정한 존재는 얌전한 인식을 갖는 것을 허용하지 않는다. 우리는 결코 우리가 존재하기를 원하는 것으로 존재하지 못하지만, 우리는 존재하기를 원한다. 인간은 유한하기에 본질적으로 행복하다. 시간에 관해 매우 중대한 것들을 덧붙여야 할 것이다.

"완성된 미래"를 정립한 것이 바로 하이데거다. 인간의 시간, 그것은 항상 미래이다. 인간은 절대로 자신이 있는 바로 그곳에 있지 않다. 하이데거가 다루는 시간은 까다롭다. 그의 시간(개념)은 서로 얽혀 있다. 이 철학의 핵심은 (다음과 같이) 설명되었다.

죽음은 존재하지 않는다. 죽음이 왔을 때, 우리는 우리가 죽는다는 것을 알지 못한다.

인간은 죽음을 위해 존재한다?[84]

죽음의 문제는 어떤 결론에 도달하지 못한 채 인간의 생각을 염려하게 만든다.

내가 있다는 것을 어떻게 설명할 것인가?

그리고 내가 더 이상 있지 않다는 것은? 내가 없다는 것은? 우리는 아무것도 알지 못한다.

내가 죽으면, 세상은 더 이상 존재하지 않는다.

구조주의의 장점은 단지 언어에만 전념한다는 것이다. 왜냐하면 우리가 (왜냐하면 철학이) 끝없는 언어 편중주의[85]이기 때문이다.

---

84 L'homme est pour la mort. '인간은 죽음을 위해 존재한다.'라는 문장은 직역한 것이다. 달리 옮기자면 '인간은 죽음을 감내한다.', '인간은 죽을 운명이다.', '인간은 죽을 것이다.' 정도도 가능하겠다. 당연히 쉽게 이해되지 않은 부분이었는데, 옮긴이는 다음과 같은 생각에 조금은 도움을 받았다. 하이데거의 시간 개념에서, 다시 말해 '미래'에서 배제된 것으로 보이는 '죽음'을 프로이트의 논의로 살펴본다면, 프로이트가 그의『쾌락 원리의 저편』에서 다룬 '반복강박'으로부터 '죽음의 본능'(타나토스)이라는 개념을 도출했다는 점에서 생각해 볼 수도 있겠다. 보통 사람은 '쾌락을 추구하고 불쾌함을 피하는 것'이 당연하고, 그것이 '쾌락 원리'이다. 그런데 인간은 '그 어떤 쾌감의 전망이 없는 과거의 경험'을 반복해서 재현할 때가 있다. 이것은 쾌락 원리에 위배된다. 그래서 프로이트는 인간이 '쾌를 추구하는 것'보다도 '같은 운명을 반복하는 것'을 우선한다는 사실에서 놀랄 만한 가설을 도출한다. 즉 '쾌의 획득과 불쾌의 회피 이상으로 근원적인 것'이 존재하는데, 그것이 '원상회복의 충동'이라는 것이다. 즉, 본능이란 생명있는 유기체에 내재하는 강한 충동으로 이전의 상태를 회복하려고 하는 것이다. 이렇게 해서 프로이트는 '죽음의 충동'이라는 개념을 도출했다. '인간은 죽음을 위해 존재한다.'라고 옮긴 문장은 인간의 '죽음의 충동'으로 이해하면 도움이 좀 되지 않을까 싶다. - 옮긴이 주
85 Verbalisme. (내용보다) 언어에 대한 편중, 언어 편중주의, 어구에 대한 집착을 의미한다. - 옮긴이 주

마르크스

마르크스는 청년 때 헤겔을 알았지만, 19세 때 아버지에게 보낸 한 편지에서 헤겔이 자신을 만족시키지 못한다고 적었다.

그 이유는?

마르크스를 헤겔에게서 멀어지게 만든 것은 바로 추상적인 요소, 추상적인 논리였다.

사실 마르크스는 헤겔에게서 많은 것을 받아들였지만, 그는 철학의 의미 자체를 혁신시켰다.

마르크스는 철학자의 문제는 세상을 이해하는 것이 아니라 세상을 바꾸는 것이라고 말했다.

인간은 외부 세계와 관계를 맺고 있다. 인간은 자연을 지배하는 것이 필요하고, 바로 이 지점에 인간의 진정한 문제가 있으며, 나머지 모든 건 반복적인 후렴구(트랄랄라tra-la-la)[86]이다.

마르크스는 철학은 귀족적인 것, 다시 말해서 공동체적

삶 밖에 있는 사람들에 의해서 만들어진 것이어서는 안 되고, 보통 사람, 즉 욕구를 지니고 있고 사회에서 함께 사는 사람에게 알맞게 만들어진 것이어야 한다고 말했다.

마르크스는, 우리가 위에서 아래로 향하는 사유와 가치들을 수정할 수 있다고 말했다. 위에서 기인한 것은 필연적으로 사치이고 장식이다. 하지만 아래에서 온 것은 현실 세계다. 그러므로 하부의 인식에서 상부의 인식으로 나아가야 한다.

마르크스는 헤겔로부터 변증법적 과정(정, 반, 합) 속에 들어 있는 생성의 관념을 받아들였다.

헤겔에 따르면, 역사에 대한 사유는 단지 이율배반(모순)에 의해서만 실현되는 것이며, 따라서 인간에게 고유한 것이다. 왜냐하면, 그 이유를 여러분에게 다시 환기하자면, 헤겔에게 자연은 언제나 동일하므로, 즉 자연은 반복하기 때문이다. 행성은 언제나 같은 방식으로 운행하고, 곤충이나 동물과 같은 하등한 종들의 진화는 극도로 느리고 눈에 보이지 않는다.

---

86 1937년에 출간된 곰브로비치의 첫 장편 『페르디두르케』는 1958년에 프랑스어로 번역되었다. 『페르디두르케』의 마지막 문단은 다음과 같이 끝난다. "이제 끝이다. 트랄랄라. 이 책을 읽을 사람한테 한마디하자. 제기랄! W.G." - 옮긴이 주

마르크스에 따르면 세상은 어떤 모습으로 드러나는가?

첫 번째 양상은 그의 **유물론**이다. 마르크스주의는 종교를 부정한다. 그는 종교를 위험 앞에서 도망치기 위한 인간의 산물로 간주했다. 그렇기에 종교는 열등한 계급을 지배하기 위한 상위 계급의 도구이다.

마르크스주의는 관념론을, 모든 형이상학을, 관념의 모든 수단을 부정한다. 마르크스주의에는 오직 **삶에 대한 잔인하고 구체적인 현실 세계**만 있을 뿐이다.

두 번째 양상. 마르크스주의는 **존재가 의식의 조건이다**[87]라는 유명한 문장으로 정의된다.

고전 철학자에게는, 의식은 제1의 필수적인 것이었다. 모든 것은 의식을 위해 존재했고 그 무엇도 의식을 조건 지을 수 없었다.

마르크스는 인간 이성에 대한 새로운 환원에 착수한다. 이것은 사유에 대한 사회학적 환원이다.

차례로 계속된 환원은 다음과 같다.

---

87 L'Étre conditionne la conscience. '존재가 의식을 좌우한다.', '존재가 의식을 조종한다.', '존재가 의식에 영향을 준다.' 등으로 이해하면 되겠다. - 옮긴이 주

1. [원문 단어 누락] 환원.

2. 인류학적 환원.

3. 현상학적 환원 (후설).

4. 사회학적 환원 (마르크스).

5. 니체는 철학을 삶으로 환원한다.

사유의 변화를 이해하기 위해서는 이 환원들을 알아야 한다.

사회학적 환원은 의식이 실존에 따라 조건 지어진다는 것을 의미한다. 이것은 의식을 삶의 도구로 만든다는 것을 의미하고, 이 도구가 적응의 과정, 즉 변증법적 발전의 과정에 의해서, 그리고 마침내 만물을 위한 것으로서의 자연적 과정에 의해서 가장 낮은 종으로부터 출발하여 점진적으로 확장된다.

이것이 의미하는 것은 의식이 우리의 모든 필요에 따라, 우리가 자연과 맺는 관계에 따라 결정된다는 것이다. 하지만 인간이란 단순히 자연에만 의존하는 것이 아니라, 특히 사회에도, 즉 이 사회가 생산한 역사적 조건들에도 의존하는 것처럼, 의식은 이러한 사회에 의해서 형성된다. 그러므로 의식은 무엇보다 인간 역사에 달려 있다.

세 번째 양상. 필요가 가치를 창출한다. 예를 들어, 만일 당신이 사하라사막에 있다면, 물 한 잔은 여러분에게 엄청난 것을 의미할 수 있다. 반면에 만일 푸Foux 강이 흐르는 방스Vence에 있다면, 이때 물 한 잔은 그 가치를 잃는다.

이러한 주장은 나에게 절대적으로 정당해 보인다.

여러분은 다음과 같은 것을 살펴보라. 위의 예에서 드러난 주장은 나의 회화 비평의 기초일 뿐만 아니라, 모든 무정부주의와 허무주의, 그리고 가치가 필연적 원인이 아닌 인간의 자의적 목표에서 비롯된다고 보는 실존주의적 이론들에 대한 반박이기도 하다.

예를 들어, 사르트르에 의하면, 인간은 죽음이 아니라 삶을 선택했기에 사막에서 물을 필요로 한다. (그런데) 마르크스주의에서는, 살아 있는 존재는 (생명체는) 삶을 선택할 수밖에 없는 것이며 따라서 우리는 여기서 자유로운 선택에 대해 말할 수 없다.

마르크스주의적 해석에 따른 **역사L'HISTOIRE**.

인류의 역사는 자연을 기술적으로 지배해야 할 필요성에서 비롯된다.

그런데 인류의 의식이 커짐에 따라, 인류는 무엇보다도 재화의 생산 체계인 사회와 국가를 조직할 수 있게 되었다.

이와 같은 조직화 속에서, 한 사람은 다른 사람에게 복종해야 했고, 따라서 우리가 재화를 축적하기에 이른 것은 사람에 의한 사람의 착취에 의한 것이다. 집단을 형성한 인간은 힘을 원하는 집단의 법에 복종하고, 이 힘은 인간에 의한 인간 착취의 결과이다. 예를 들어 군대는 장군들이나 장교들 혹은 노예들 또는 결국 계급들, 즉 봉건제의 여러 신분들 등급들을 통해 단 한 사람에게 복종한다.

인간을 노동하도록 강제하는 것은 다름 아닌 인간이다.

이렇게 해서 우리는 마르크스주의자들에게는 너무나 소중한 기본 개념에 도달한다.

그 토대는 착취당하는 노동자 대중이다. 지배계급은 철학, 종교, 법을 만드는 상부구조를 형성한다. 한마디로 (상부구조가) **의식을 조직한다**. 이 모든 게 정확하게 비밀리에 착취를 유지하기 위해 소용된다.

예를 들어 종교는, 그 권위는 신에게서 유래하고, 이 세상을 살아가는 불행한 자들은 (저세상에서) 천국을 발견하리라는 것을 수립한다. 종교의 심오하고 단일한 의미란 아주 단순하게도 정의를 다른 세계로 옮겨 놓는 것이다.

그런데도 로마에서 노예들의 혁명으로 시작된 그리스도교는 어떤 형이상학적인 요소를, 즉 **하나님**을 가지고 있었다. 그런데 **교회**를 통해 그분은 착취의 도구가 되었다.

지배적인 도덕을 살펴보면, 우리는 그것이 특히 소유권

을 유지하고 부르주아의 도덕을 프롤레타리아트에게 강요하는 것과 관련되어 있다는 것을 알 수 있다.

철학의 본질은 관조하는 태도에 있다. 철학은 세상을 변화시키고 싶어 하지 않는다. 철학은 형이상학 속으로 달아난다. 철학은 결국 토대와 분리된 이성이며, 자신의 의존성을 감추려고 애쓰는 상부구조이다. 철학은 절대적 가치를 추구하고, 따라서 철학은 (생활) 필수품들에는 관심을 두지 않는다. 우리의 법은 소유권과 착취를 공고히 하려고 애쓰는 체계이다. 여기서 여러분은 마르크스주의가 프로이트주의나 니체와 마찬가지로 신화화(기만, 속임수)를 논증하고 있다는 것을 보게 된다. 이것은 우리의 **고상한** 감정 뒤에 콤플렉스가, 비겁함이, 그리고 결국 삶의 더러움이 숨겨져 있다는 것을 논증하는 것이다. 순수해 보이는 태도들에 대해 극도로 예리한 비판을 한 니체의 위대한 장점들 중의 하나는 우리의 사유라는 것이 다른 모든 것들과 동일한 물질로 이루어져 있다는 것을 논증한 것이다.

이 모든 것을 통해 우리는, 이를테면 인간의 첫 번째 본성을 발견하기에 이른다. 두 번째는 인간에 의해서, 우리가 사회라고 부르는 착취 시스템의 필요들로 왜곡된 본성이다. 따라서 그런 사회의 목적은 다른 사람들을 사용하여 재화를 생산하는 것이다. 우리는 우리 의식을 왜곡하는 경제 시스템 속에 있다.

여러분은 종교, 도덕, 철학, 법이 노예제도 속에서 어떻게 노예를 기만하고 유지하기 위해 만들어졌는지를 보았다.

여기서 우리는 그 유명한 **잉여가치** 이론으로 넘어간다.

자본가들, 다시 말해 상위 계급의 일원들은 노동력을 마치 상품처럼, 때문에 가능한 한 가장 좋은 가격에(즉 가장 싼 가격에) 구입한다. 이 가장 좋은 가격이란, 단지 노동자가 먹고살면서 자녀를 키우기에 필요한 정도를 의미한다.

이렇게 해서 **잉여가치**가 발생한다. 왜냐하면 노동자는 자본가가 그에게 지급하는 것보다 훨씬 더 많이 생산하기 때문이다. 그 나머지는 자본주의에 귀속된다.

노동자는 언제나 자신이 받는 것보다 더 생산한다.

이것이 바로 **잉여가치**이다. 노동자의 노동은 다른 모든 상품과 마찬가지로, 애덤 스미스의 그 유명한 경제 법칙에 종속된다. 그 법칙에 따르면, 공급이 수요보다 많으면 상품 가치가 하락한다.

이 법칙이 바로 평가절하의 과정을 설명한다. 평가절하에 제동을 걸기 위해서는 공급을 늘려야 한다. 다시 말해 생산을 증가시켜야 한다.

만약 돈이 평가절하되면, 우리는 매번 더 많은 프랑(돈)을 필요로 한다. **잉여가치**가 자본가의 주머니 속으로 들어

감에 따라, 그것참, 가난한 노동자들은 매번 더 낮은 가격에 자신의 노동을 제공해야 한다. 그런 식으로 노동의 평가절하가 발생하고, 그렇게 되면 인간을 벗어난 익명의 힘인 자본의 증가가 발생한다. 이것이 바로 그 유명한 **소외**를 만들어 낸다.

소외된 인간, 다시 말해 자기 자신으로 존재할 수 없는 인간은 자신의 평범한 삶을 갖는 대신 기계의 역할을 할 수밖에 없다.

이 이론은 멋지지만, 내 생각에 자본가에게는 해당하지 않는다.

자본은 또 다른 부를 창출하는 데 사용되지만, 인간에 의한 인간의 착취가 그토록 개인의 행복을 위해서 이루어지는 것은 아니다. 자본주의가 단지 자본가에게만 이익이 되는 것은 아니다. 왜냐하면, 만일 자본가가 본인의 돈을 탕진한다고 하더라도, 그가 매년 백 개 이상의 모자나 요트 등을 살 수는 없기 때문이다. 나머지 돈은 어디로 가는가? 다른 공장, 다른 산업 분야 등. 게다가 이런 방식으로 인류의 기술력이 매번 더 향상된다. 이같이 인간에 의한 인간의 착취는 개인에게는 무척이나 어려운, 인류 발전의 근본적인 필요이다.

자 이제 "사탕 과자"[88]로 넘어가 보자. 다시 말하자면,

혁명

자본주의는 다음과 같은 특수성이 있다. 대자본은 가장 작은 자본을 먹어 치우고, 극히 적은 사람으로 이루어진 집단에 집중된다. 마르크스는 다음과 같이 예상했다. 이와 같은 자본의 이동 때문에 한편에는 소수의 억만장자 그룹이 만들어질 것이고, 다른 한편에는 [원문 불완전함] 거대한 프롤레타리아 대중이 형성될 것이다.

그리고 그렇게 해서 프롤레타리아 혁명이 일어나게 될 것이고, 이는 피할 수 없는 필연이다.

1969년인 지금, 마르크스주의의 현주소는 어디인가?

마르크스주의가 처한 큰 위기는 간단히 말해서- 동유럽

---

88 Et maintenant on passe aux "bonbons", c'est-à-dire à la Révolution. 이 문장에서 '사탕 과자' 즉 'bonbons'은 종교에서, 특히 그리스도교에서의 '천국'에 대한 비유이다. 그런데 사탕 과자 같은 천국은 사후에나 가능한 것이다. 그리고 'bonbon boule'(눈깔사탕)으로 읽을 수도 있고, 복수형 'bonbons'은 구어에서 '불알, 고환'이라는 의미로 사용되기도 한다. 사탕과 불알이라는 비슷한 모양을 연상시키는 단어를 통해서 마르크스주의의 '달콤한 결실'을, 즉 '혁명'을 의미하는 것이라고 생각할 수도 있다. 마르크스는 "종교는 민중의 아편"이라 했고, 시몬 베유 (Simone Weil)는 "마르크스주의는 가장 불순한 의미에서 하나의 종교이다. 마르크스주의는 특히 종교의 모든 저급한 형태를 지닌 채, 마르크스 자신의 적절한 말을 따른다면, 민중의 아편으로 계속 사용되어 왔다"라고 했다. 곰브로비치의 의견에 따른다면 종교가 약속하는 달콤한 '사탕' 같은 '천국'은 마르크스가 약속하는 프롤레타리아트 '혁명' 일 것이다. - 옮긴이 주

국가의 상황이 보여 주었듯- 사람들의 노동이 서툴고 게다가 생산량도 극히 적다는 사실에서 기인한다. 이유가 무엇인가? 삶이란 것이 고된 것이라서 그렇다. 노동하도록 강요당하지 않는다면, 인간은 자연히 노동하지 않을 것이다.

이 역설이 의미하는 바는, 게다가 이는 너무나 명백하게 눈에 보이는 역설인데, 흑인들을 제외하고 거의 모든 프롤레타리아트(무산 계급)가 사라진 전 세계에서 유일한 나라를 만든 것이 바로 영광스러운 미국인들이자 자본주의자들이라는 것을 인정하지 않기 위해서는 특정 좌파의 기만(불성실, 악의)이 필요하다는 것이다. 반대로 사회주의자들은 여기저기서 파산한다. 이유는 단순하다. 왜냐하면 어떤 이득도 걸려 있지 않기 때문에, 그 누구도 생산에 관심을 두지 않고, 다른 사람이 생산하도록 강요하지도 않는다.

오늘날 공산주의자들의 유일한 희망은 고도로 발전한 나라들에서 공산주의가 더 잘 작동하는 것인데, 이는 허튼소리에 불과하다. 그것이 절대로 불가능하다는 것을 알기 위해서는 안마사와 5분만 이야기해 보는 것으로 충분하다. 실제로 가난한 사회보다 부유한 사회에서 아직도 인간은 더 이기주의자가 되기 때문이다.

중국인들. 이들이 순수한(강경한) 스탈린주의자들이다! 중국을 다룬 현지 취재 보도물에 나오는 모든 중국인은 마치 군인처럼 소리를 지른다. 그것은 공포스럽다.

중국의 생산성은 분명히 증가했지만, 전혀 우리가 생각하는 것만큼 증가하지는 않았다! 최근 몇 년 동안은 엄청나게 실망스럽다.

마르크스주의는 (희망을) 빼앗긴 자들에게 희망을 준다.

특히 마르크스주의 사상은 [원문 불완전함] 폭로하는데 사용되었다. 모든 철학적인 사상은 일반적으로 유토피아적이지만 그 무엇으로도 이끌지 않는다.

나에게 마르크주의의 질문은 절대적으로 잘못 제기된 것이다. 왜냐하면 그들은 정의正義라는 도덕적 관점에서 질문을 던졌기 때문이다. 하지만 진정한 문제는 도덕적인 것이 아니라, 경제적인 것이다. 부를 증가시키는 것이 우선이고, 부의 재분배는 부차적인 것이다.

사람들은 도덕적인 관점에서 질문한다. 왜냐하면 그것이 당연히 더 쉽기 때문이다. 게다가 그렇게 하면 더 멋진 문장을 만들 수 있기 때문이다.

예를 들어 서양에서 자본주의 시스템은 생산성을 엄청나게 늘리는 데 성공했는데, 이는 특히 기술력 덕분이고, 결과적으로 전 세계의 생활 수준이 향상되었으며, 반면에 멋진 문장으로는 그 무엇에도 도달하지 못한다는 것을 우리는 알고 있다. (멋진 문장으로는) 생산성이 떨어진다. 모든 게 동일한 수준에 머무르고, 모두가 관료주의와 익명성에 빠져든다.

여기에 아주 간단한 사실이 있다. 만일 여러분이 사람들에게 각자의 모든 에너지와 지능을 펼칠 수 있도록 허용한다면, 반드시 어떤 사람은 다른 사람을 지배할 것이고, 어떤 사람은 다른 사람보다 우월해질 것이다. 하지만 이 경우에 여러분은 엄청난 양의 에너지를 얻게 되는데, 반면에 만일 여러분이 사람들 사이의 평등을 원한다면, 이때는 당연히 우월성의 가능성을 제한해야 할 것이다.

마르크스주의의 미래는?

나는 20년 혹은 30년 후에는 사람들이 마르크스주의를 버릴 것이라고 예상한다.[89]

만일 상류 계급이 지금처럼 계속 어리석고 맹목적인 채로 남아 있다면, 그리고 만일 상류 계급이 대중들에게 권력을 넘겨준다면, 새로운 강력한 상류층이 만들어질 때까지 계속될 퇴행의 시기를 각오해야 할 것이다. 하지만 만일 우파가 잘 견뎌 내고 마르크스주의자들의 전형적인 특징인 그러한 **잘못된** 인식을 우파 스스로에게 강요하지 않는다

---

89 1969년에 곰브로비치가 예상한 대로 20여 년이 지나 베를린 장벽이 무너지고, 동구권이 공산주의 이념을 버렸다. 곰브로비치의 혜안이 아닐 수 없다. - 옮긴이 주

면, 그렇다면, 이러한 사태는 나의 대략적인 계산에 따르면 20년 혹은 30년 후에 세상을 근본적으로 바꿀 수 있는 기술의 엄청난 발전을 통해 해결될 수 있다. (그렇게 되면) 우리는 날 수 있는 작은 날개를 갖게 될 것이다….

파시즘(독재적 전체주의)은 거꾸로 향하는 혁명이다.

상류 계급의 큰 결점은 본질적으로 소비 계급이라는 데 있다. 따라서 상류 계급은 편안함에 익숙하고, 게으르고 예민해지고 타락한다. 하지만 이제 상류 계급은 점점 더 많은 엔지니어, 생산자, 과학자, 지식인, 그리고 노동하는 사람들로 이루어져 있다.

나는 파시즘을 무시무시한 것으로 만든 좌파의 언어 남용을 말해 둔다. 이제 **노동자**라는 단어는 아침부터 밤까지 고되게 일하는 의사를 의미하는 것이 아니라, 5분 일한 후에 벽을 쳐다보는 거리 청소부를 의미한다. 여러분은 언어조차도 왜곡되었음을 알 수 있다.[90]

극좌파들은 제국주의자들이다. 그들이 이해하지 못하는 것들이 있는데, 그것은 자신들이 특권층이라는 것과 혁명이 일어난다면 폴란드에서 그랬던 것처럼 먼저 자신들이

---

90 곰브로비치의 정치관 혹은 사회관을 엿볼 수 있는 대목이다. - 옮긴이 주

숙청되리라는 것이다.

마르크스주의에 따르면, 우리는 왜곡된 인간성을 마주하고 있다. 권력의 근원은 다름 아닌 착취. 왜곡된 것은 바로 우리의 의식이다. 왜냐하면 우리의 의식은 인정하고 싶지 않은 착취 시스템에 적응했기 때문이다.

마르크스주의는 탈신화화脫神話化의 시도이다.

철학적인 의미에서, 마르크스주의는 세상에 대한 정확한 관념을 정립하는 것이 아니라, 의식이 세계와 인간을 대면하여 진정하고 왜곡되지 않은 방식으로 반응할 수 있게 하려고 단순히 의식의 해방을 정립한다.

마르크스주의의 실현

1. 마르크스의 명제는, 마르크스주의가 냉혹한 경제 법칙에 따라 도래하는, 거대한 빈곤층에 의해 소멸될 소수 집단에 자본이 집중됨으로써 도래하는 절대적인 역사적 필연이라는 것이다. 마르크스주의자들은 프롤레타리아트 독재를 도입하고자 한다. 민주주의가 아닌 독재를.

그들이 "**인민 민주주의**"라고 부르는 것은 위장이다. 이 프롤레타리아트 독재는 결국 부르주아지를 파괴하고 생산

수단(광산, 농지, 공장, 산업, 고용주에 의한 모든 형태의 노동자 착취)들을 국유화할 것이다.

그런데 독재의 첫 번째 단계에서 모든 것을 지배하고, 개인의 자유를 제한하고, 따라서 세상에 혁명을 도입해야 하는 것은 다름 아닌 국가이다. 이 첫 번째 단계에서 각 개인은 자신의 업무에 따라 급여를 받게 될 것이다.

2. 두 번째 단계는 마르크스주의의 "천국과 같은 사회"[91] 단계이다.

이것은 점진적인 국가 청산과 관련된다. 인간의 본성이 변화될 때, 우리가 의식의 표준화에 도달하게 될 때, 이때 우리는 국가 대신, 각자가 정의에 입각한 보편적 질서에 자유롭게 적응하게 될 소규모의 **"협동조합"** 조직을 갖게 될 것이다. **이것이 바로 고매하신 영혼들의 꿈이다!** 이와 같은 명청한 단계에서, 각자는 자신의 장점과 업무에 따라서가 아니라 자신의 필요로 급여를 받을 것이다. 이것이 정의正義의 가설이다. 왜냐하면 모든 사람은 살아갈 권리가 있기 때문이다.

---

91 Célestiale. 곰브로비치가 두 형용사 '천국의(céleste)'와 '사회의(sociale)'를 하나로 합쳐서 만들어 낸 용어로 보인다. 즉 '지상 낙원' 정도의 의미로 이해할 수 있겠다. – 옮긴이 주

마르크스주의

이 **"밝게 빛나는"** 단계는 먼 훗날에, 무한한 시간 이후에 도래할 것이다.

어쨌건 마르크스주의는 불완전함이라는 매우 강력한 개념을 가지고 있기에, 바로 이 지점에서 헤겔의 역사적 변증법이 개입하고, 이것이 이 변화(밝게 빛나는 단계)를 점진적으로 실현할 것이다. 내가 아는 것은, 세상만사는 단지 천천히 진화할 수 있을 뿐이라는 것, 그리고 완벽함과는 거리가 먼 중간 단계들을 거치게 마련이라는 것이다.

이러한 마르크스적인 사유에서, 프롤레타리아트는 일종의 성인이자 근원적인 힘이다.

1. 프롤레타리아트는 잃을 것도 지킬 것도 전혀 없다. (그렇기 때문에) 모든 것을 부순다.
2. 프롤레타리아트는 단지 필요만 가지고 있다. 이 계급은 돈으로 부패하지 않는다.
3. 프롤레타리아트는 보편적인 특징을 가진 계급이고, 모든 사회구조의 근간 그 자체인 계급이다.
4. 이 계급은 경제적 생산의 희생양이다.

혁명에 의한 프롤레타리아트의 해방은 모든 사회질서의 근본적 조건이다. 그리고 이것은 가치의 원천인 욕구로부터의 해방이다.

반복하자면, 우리는 여기서 마르크스주의가 어떤 이데올로기나 어떤 진리가 아니라, 그것은 단지 가치의 원천으로서 인간 욕구로부터의 해방이라는 걸 알 수 있다.

그 때문에 혁명은 모든 인간을 자연적 욕구로부터 해방할 것이고, 이러한 해방의 바탕 위에서 가치들은 스스로에 의해 창조될 것이다. 마르크스주의는 사상의 혁명이 아니라, 구체적인 인간들 사이의 혁명이라는 걸 잘 이해할 필요가 있다. 그것은 인간 해방이다.

(마르크스주의의) 새로운 사유들은, 미래의 사유는 예측할 수 없다는 것과 새로운 인간적 명령 속에서 사유 자체에 의해 창조될 것이라는 점.

정치란, 어떤 목표에 도달하기 위한 행동 조직.

실천은, 의식적인 실천적 행동이다. 마르크스에 따르면 생각은 행동에서 드러난다. 사상은 역사적 힘으로 변화해야 한다.

관조는 멀리 사라진다.

마르크스주의는 구체화되지 않은 모든 이론의 불가능성을 선언한다.

니체

니체는 칸트와 쇼펜하우어처럼 폴란드인이었다![92]

1884~1900

니체 : 셸리의 신경, 칼라일의 위장, 그리고 젊은 여인의 영혼.

니체의 직계 계보 :

다윈(투쟁에 의한 진화 이론)

스펜서[영국 철학자, 단순에서 복합, 복수로의(다중으로의) 진화 이론]

비스마르크.

쇼펜하우어.

니체는 엄밀한 의미에서 철학자는 아니었다. 그는 아포리즘과 짧은 단상들을 남겼다.

니체를 이해하기 위해서는, 암소를 번식시킨다는 생각만

---

92 칸트의 고향 쾨니히스베르크를 (오늘날 러시아의 칼리닌그라드) 크롤레비츠라고 불렀던 폴란드인들은 그곳에 대한 권리를 주장했다. 쇼펜하우어는 단치히 출생이었고, 그곳을 그단스크라고 불렀던 폴란드인들이 권리를 주장했다. 니체 역시 프로이센 작센의 뢰켄에서 태어났음에도 불구하고 자신의 조상이 폴란드 귀족이었다는 생각이 몸에 배어 있었다.("나는 폴란드 순수혈통의 신사이다." 『이 사람을 보라』, 1888.)(원주)

큼이나 단순한 생각으로 이해할 필요가 있다.

암소를 기르는 사람은 가장 약한 암소는 죽게 내버려 두고, 가장 강한 암소와 황소를 번식시키기 위해 키우는 것과 같은 방식으로 소를 개량하려고 할 것이다.

니체의 모든 도덕은 여기서 그 근거를 찾는다.

인간은 다른 모든 종과 같다. 인간은 삶 자체에 의해 만들어진 자연 선택과 투쟁에 따라 개량된다.

여기서 우리는 이 철학의 가장 감각적이고 가장 도발적인 측면을 보게 된다. 그것은 바로 그리스도교에 대한 반대(이의 제청)이다. 니체에 따르면, 그리스도교는 강자에게 강요된 약자의 도덕으로, 인간에게 해로우며 따라서 비도덕적인 것이다.

확실히 이러한 태도는 혁명적이었고, 모든 가치 체계를 뒤집어 놓았다.

니체는 -이것이 쇼펜하우어와의 가장 큰 차이점인데- **삶의 편에 서 있다.**

나는 칸트로부터 시작해서 인간의 사유가 점점 더 삶, 생성 혹은 실존을 추구한다는 것을 여러분이 (가만히) 지켜보게 했다. 그 이유는 추상적인 체계를 불신하기 시작한, 그래서 삶 자체가 점점 더 위협받고 있다는 것을 느끼는 사람의 깊은 염려가 있기 때문이다.

그런데 니체는, 이미 그리스 비극의 근원에 관한 자신의 첫 번째 저작에서, (포도주와 난교와 생명력 넘치는 황홀경의 신) 디오니소스를 (평온과 미학과 관조의 신) 아폴론과 대립시켰다. 그리스 비극에서 디오니소스를 대변했던 것은 합창곡(코러스)이고, 반면에 아폴론은 대화로 표현되었다.

디오니소스는 인류와 생명의 힘이다. 반면에 아폴론은 허약한 필멸의 개인이다.

이와 같은 아폴론과 디오니소스의 대립은 오늘날에도 여전히 나타난다. 예를 들면, 베토벤이 그렇다. "니체는 비관주의를 삶과 낙관주의에 의해 유죄 선고를 받은 나약함으로 간주한다. 그리고 낙관주의 역시 경박한(캐나다적인)[93] 것이라 본다."

남은 것은 무엇인가?

깊은 곳으로 뛰어내리기. 다시 말해서 인간에게 남은 것은 비극적 낙관주의다. 즉 그것은 개인의 모든 나약함에도 불구하고 삶과 잔혹한 법에 대해 숭배하는 것이다.

그리스에서는, 니체가 유죄 선고를 내린 균형을 대변하는 것이 소크라테스, 플라톤 그리고 아리스토텔레스이다. 반면에 에우리피데스와 아리스토파네스는 생명력 넘치는

---

93 곰브로비치의 아내 리타는 캐나다 태생이다. (원주)

법을 천명한다.

여기서 부가 설명을 제시할 필요가 있다. 왜 그리스가 우리에게 그토록 중요한가? 왜냐하면 그리스에서 처음으로 이성적인 인간, **이성**으로 형성된 인간이 실현되었기 때문이다. 그렇기에 그리스 철학과 예술은 우리에게 너무나 중요한 것이 되었다. 왜냐하면 유럽 전체가, 현대 인류가 그리스에서 유래했기 때문이다.

니체의 힘은 우리의 모든 관념, 인간 영혼, 도덕과 철학에 대한 극도로 예민하고 잔인한 비판으로 이루어져 있다. 그의 철학적 사유는, 마치 철학자들이 세상의 변화를 멀리서 응시하는 것처럼, 삶 밖에서는 실현되지 않지만 (철학적) 사유는 삶 속에 들어 있으며, 그 사유에 오류가 없을 때는 항상 삶을 표현한다는 것을 보여 주었다.

이러한 의미에서 니체는 위대한 선구자였다. 니체는 특히 직관의 해방에 관한 부분을 쇼펜하우어에게서 많이 차용했다. 비록 완전히 반대 의미이기는 하지만.

니체에게 삶은 좋은 것이 아니지만, 우리는 삶을 선고받았다. 그것은, 예를 들면 가혹함, (자비 없는) 엄격함에 대한, 그리고 채찍과 무기에 대한 그의 예찬처럼 몇몇 역설에 이르게 한다. 이는 일종의 군대軍隊 철학이다.

니체에게서 우리는 세 가지 주요한 사유를 발견한다.

(니체가 40권만 팔았고, 그나마 그중 7권은 선물로 주었던) 『차라투스트라Zarathoustra』에서 이렇게 말했다.

1. 신은 죽었다. 이것은 인류가 성숙함에 도달했다는 것을 의미한다. 신을 믿는 것은 이미 시대착오적이다. 인간은 우주 속에서 스스로 길을 찾는다. 삶 이외에는 아무것도 없다.

2. (어리석은 생각) 초인이라는 관념. 인간은 지나쳐 버려야 하는 일시적인 현상이다. 때문에 인간은 문제적이다.[94] 인간은 그 자체로 하나의 다리이지, 어떤 끝이 아니다.
   인간에 대한 그의 개념. 우리는 우월한 어떤 존재에 도달하기 위한 수단 이외에 다른 것이 아니다. 그런데 그 미래의 인간, 즉 초인超人에 대한 사랑과 숭배는 타인에 대한 사랑보다 더 중요하다.

3. 영원한 회귀
   이것은 한편으로는 무한한 시간의 개념에서, 그리고 다른

---

94 L'homme est donc problématique. 다른 문장으로 표현하자면, 따라서 인간은 의심스러운, 불확실한, 문제를 야기(제기)하는, 해결하기 어려운 존재이다. - 옮긴이 주

한편으로는 인과성의 사상에서 태동한, 과학적 기원을 갖는 사상이다.

즉 엔트로피, 방사에 의한 에너지 손실을 의미한다.

니체는 다른 모든 원인, 원인-결과 등등을 만들어 낸 하나의 (어떤) 최초 원인에서 출발한다. 우리가 그것 덕분에 현재 순간에 도달하게 되는 원인—결과의 자동 과정.

이것은 다른 원인—결과들에 따라서 극복될 것이고, 결국에는 소멸할 것이고, 그러면 다시금 첫 번째 원인이 되돌아오게 될 것이고…. 그러면 우리는 다시금 동일한 상황에 도착하게 될 것이다.

시간은 무한하기 때문에, 이것은 영원히 반복될 것이다.

이는 순진하고 시대에 뒤처진 생각이다. 왜냐하면 인과성이라는 개념은 단지 현상학적 세계에서만 작동하기 때문이다. 이 개념은 과학에 유용하게 사용될 수 있으며, 따라서 실험으로 입증될 수 있지만, 지각이라는 우리의 수단에 의해 제한된다.

그러므로 우리는 즉자존재에 대해, 신에 대해, 영원에 대해 말할 수 없다.

니체는 인과성에 대한 과학적 사유에서 출발하여 삶에 대한 형이상학적 시스템을 세운다.

삶에 대한 최고의 긍정, 그는 이것에 매혹당했다.

신이 없다면, 외부의 법칙들은 존재하지 않는다.

- 니체에게 유일한 법은 삶에 대한 긍정이다.

- 그것은 반그리스도교적이고 무신론적인 철학이다.

- 무신론자가 되는 것은 그렇게 쉬운 것이 아니다.

구조주의

실존주의의 일반적 특징에 관해 설명하면서 나는 매우 중요한 한 가지를 잊고 있었다.

고전 철학에서, 철학자는 삶을 응시하는 관찰자였지만, (이때) 그는 삶 밖에 있었다.

키르케고르는 철학자는 삶 속에 있다고 말하면서 그러한 태도를 공격했다.

철학은 실존의 행위이다. 철학자를 특권을 가진 사람으로 간주하는 것은 너무나 쉽다.

각각의 철학에는 자의적인 어떤 근본적인 선택이 있고, 나머지 모든 체계와 추론은 단지 이 선택을 정당화하는 -즉 (이 선택이) 현실 세계에 일치한다는 것을 증명하는-데 사용된다. 이와 같은, 자의적인 **근본적 선택이라는 관념**은 사르트르에 의해서 다시 다뤄졌다. 즉, 그것은 자유의 행위가 가치를 창출하는 인간의 능력이라는 것이다.

그래서 사르트르에게 이 근본적인 선택은 부정不定을 가

치로 선택하는 것까지 나아갈 수 있다. 다시 말해서 내가 삶이 아니라 죽음을 선택한다면, 나를 죽음으로 이끄는 모든 것, 예를 들어 음식 부족은 긍정적 가치가 된다. 그뿐만 아니라 바로 이런 이유에서, 즉 주네[95]가 악을 선택했기 때문에 사르트르는 주네에게 그토록 관심을 가진 것이다. 그런데 모든 경찰은 주네가 아무것도 선택하지 않았다는 것을 너무나 잘 알고 있기 때문에, 이는(주네에 대한 사르트르의 관심은) 당연히 어리석은 짓이다. 주네는 아주 작은 도둑질로 시작했고, 그렇게 조금씩 눈에 보이지 않는 메커니즘에 의해 도둑이 되었다. 이 근본적인 선택은 우리가 **실존적 정신분석**이라고 부르는 것에 근거를 제공한다.

나는 실존주의의 이 중요한 지점을 다시 검토한다. 다시 말해 **철학자는 삶 속에 있다**라는 것, 그것은 19세기 동안에 우리 사유의 위대한 경향들 중 하나였다.

이와 같은 서양의 사유가 지나온 여정은 그것이 제기한

---

95   Jean Genet(1910-1986). 프랑스의 소설가, 시인, 극작가. 사생아로 태어나 파리의 빈민구제소에서 자랐다. 절도 등 자잘한 범죄로 수감되며 밑바닥 생활을 하다 1942년 복역하면서 낸 첫 시집 『사형수』를 계기로 장 콕토의 후원을 받는다. 1947년 절도죄로 종신형을 받았으나 콕토, 사르트르, 피카소 등의 탄원으로 풀려났다. 주네의 작품은 동성애와 에로티시즘을 다루며, 그것을 서로 얽힌 세계 속에서 진화하는 양가적인 인물들을 통해 표현한다. 사르트르의 주네론인 『성자 주네Saint Genet』가 있다. - 옮긴이 주

위대한 문제들에 의해 명확해질 수 있다.

1. 사유의 환원(축소). 칸트에 이르러 사유는 자기 한계를 자각하게 된다.

그것은 이미 신의 존재를 증명할 수 없다는 것을 알고 있으며, 동시에 신이 존재하지 않는다는 것 또한 증명할 수 없다는 것도 알고 있다.

포이어바흐의 환원과 마르크스("존재가 의식을 규정한다." 같은 삶과 관련한 인식)의 연속된 환원을 통과하고, 철학이 이미 사물들의 현실성도 진리도 추구하지 않고 단지 우리 의식에 주어진 것(소여所與)들에 대한 일종의 뒤치다꺼리(정리)만을 추구하고 있는 후설의 현상학적 환원을 통과하며, 그리고 마침내 프로이트의 정신분석학적 환원을 통과한다. 내 생각에는, 프로이트의 정신분석학적 환원은 그것이 과학적 정리이기 때문에 이런 환원들과는 관련이 많지 않다.

환원은 19세기의 지배적인 특징이다.

2. 다른 문제는 더 어렵다. 그것은 삶의 문제, 즉 **생성**의 문제이다.

헤겔 이전에 철학자는 안정된 상태의 움직이지 않는 세계를 기술한다고 주장했는데, 여기서 운동, 생성의 개념은

물론 (이미 그리스 철학에서) 걱정되는 것이었지만 근본적인 문제는 아니었다.

그런데 헤겔은, 생성의 철학이다.

앞으로 걸어 나가고 있는, 스스로 발전하고 있는 것은 바로 이성의 불완전성이라는 관념이다.

쇼펜하우어는 여전히 더욱 직접적으로 사유를 삶과 연결하지만, 이와 동시에 그는, 말하자면 우리가 삶을 따돌리거나 죽일 수 있는 관조와 포기의 원리를 정립한다.

실존주의는 **삶에 빠져 갈피를 잡지 못한다.** 실존주의는 실존 속에 있지만, 그것은 또한 그 자체를 (이상하게도) 생명력 있는 행위로 간주한다.

후설의 현상학은 무엇인가? 그것은 수학에서 유래한다.

후설은 논리학자이자 수학자였다. 그의 현상학은 의식에 주어진 것(소여)들에 대한 일종의 분류이다. 그런데, 흥미로운 것은 후설의 이 정신적인 대수학(엄밀한 분석)이 특히 하이데거에 의해서 후설 현상학과는 정반대인 실존주의를 위해 사용되었다는 것이다.

여러 추상적인 개념들은 오늘날의 사유 속에 (아리스토텔레스의 사유, 가톨릭의 사유 등) 여전히 지속한다. 지금은 변증법적 대립을 통해, 실존주의에 반대하여 구조주의 속에서 [단어 누락] 출현한다. (명백히 드러난다.)

여섯 번째 강의   157

(곰브로비치는 철학의 지리학을 향한다.)

구조주의는 다양한 사유의 영역에서 탄생했기 때문에 정의하기가 어려운 어떤 것이다. 구조주의는 수학적 사유의 결실인 동시에 소쉬르의 언어학 연구와 같은 것이며, 그리고 [원문 불완전함], 그리고 레비스트로스의 사회학 속에서, 그리고 심지어[96]

---

96 텍스트는 여기서 중단된다.

해제: 곰브로비치의 철학
비톨트 곰브로비치 연보
옮긴이의 말

곰브로비치의 철학²

크르지스토프 포미안³에게

이것은 전설 아니다.⁴ 실제로 비톨트 곰브로비치의 철학
에 대한 열정과 『6시간 15분 철학 강의』가 그를 자살로부터

---

1 이 글은 원서에서는 「서문」으로서 「철학 강의」 앞에 위치했던 것인데,
우리말로 옮기면서 「해제」로 제목을 붙이고 곰브로비치의 강의 뒤에
붙였다. 그러니 「서문 겸 해제」로 읽으면 되겠다. - 옮긴이 주

2 곰브로비치가 아내 리타와 친구 도미니크 드 루에게 프랑스어로 몇 차
례 진행한, 이 '철학 강의'의 일부분이 곰브로비치에게 헌정된 『카이에
드 레른*Cahiers de l'Herne*』 총서의 하나로 1971년에 처음 출간되었다.
이 1971년 판본에는 클로드 자누드(Claude Jannoud)의 「서문」과 이 '철
학 강의'가 있게 된 이유를 직접 소개한 드 루의 짧은 글이 포함되어 있
다. (원주)
'철학 강의'는 판본이 몇 개 있는데, 우선 1971년의 초판본, 이후 1995년,
2012년, 2017년 판본이 있다. 우리말 번역은 2017년 판본을 사용하였
다. - 옮긴이 주

3 Krzystof Pomian(1934~). 1973년에 프랑스로 이주한 폴란드계 프랑스
인으로 철학자, 역사학자, 에세이스트이다. 인터넷에서는 이름의 철자
가 Krzysztof로 검색된다. - 옮긴이 주

4 조금 풀어서 옮기자면 "이 「해제」의 제목 '곰브로비치의 철학'은 전설
이 아니다."이다. 「해제」를 시작하는 프랑스어 문장 "Ce n'est pas une
légende.(이것은 전설이 아니다.)"는 화폭에 파이프를 그려 놓고 그 아
래 *Ceci n'est pas une pipe.*(이것은 파이프가 아니다.)"라는 문장을 적은
르네 마그리트의 가장 유명한 그림 중 하나인 〈이미지의 배신〉을 생각
나게 한다. 마그리트의 가장 분명한 의도는 아무리 사실적으로 그려도

구한 것처럼 보인다. 청소년 시절부터 그를 놓아주지 않았던 폐병 때문에 쇠약해진 이 폴란드 출신의 작가는 1969년 방스[5]에서 친구인 콘스탄틴 젤렌스키[6]와 도미니크 드 루[7]에게 권총 한 자루든 독약이든 구해 달라고 간곡하게 부탁하기도 했다.

그는 고통에 관한 연극 한 편을 쓸 계획도 있었고, 현대철

그림에 묘사된 파이프는 파이프가 아니라는 것을 보여 주기 위한 것이다. 실제 파이프처럼 채우거나 피울 수 없는 파이프의 이미지에 지나지 않는다는 것이다. 즉 「해제」을 쓴 카탈루치오도 그런 의미를 담아서 이 문장으로 시작했을 것이다. 어쨌든 곰브로비치의 철학을 소개하면서 「서문」의 역할도 겸하고 있는 「해제」인데도, 이 「해제」가 아무리 사실적으로 곰브로비치의 철학을 서술하고 설명하여도 그것이 곰브로비치의 철학은 아니고, 곰브로비치의 철학에 대한 이미지에 지나지 않는다는 것으로 이해할 수 있다. 혹여 이런 심오한(?!) 의미까지 담고 있는 것은 아니더라도, '곰브로비치의 철학'이라는 「해제」의 제목이 단순히 수사적으로 멋지게 보이도록 붙인 것이 아니라, 즉 헛소리가 아니라 실제로 그럴만한 이유가 있다는 의미로 볼 수도 있다. 그런데 애석하게도 이어지는 두 번째 문장으로 보아 아마도 후자의 의도로 쓴 것이겠다. – 옮긴이 주

5 Vence. 많은 예술가와 작가를 포함하여 지성인들과 유명 인사들이 사랑한 프랑스 남부에 자리 잡은 한 마을. 곰브로비치가 1969년 7월 4일 이곳에 잠들었다. – 옮긴이 주

6 Konstanty Aleksander Jeleński(콘스탄티 알렉산더 젤렌스키). 프랑스어로는 Constantin A. Jelenski로 표기함. 1922~1987. 프랑스로 이주한 폴란드 수필가, 문학 평론가, 미술 평론가, 번역가. – 옮긴이 주

7 Dominique de Roux(1935~1977). 프랑스의 작가이자 출판인. 1957년에 도미니크 드 루와 조르주 베즈(Georges Bez)가 레른(L'Herne) 출판사를 설립하였고, 1962년부터 '카이에 드 레른' 총서가 시작되었다. 드 루가 1971년에 곰브로비치의『철학 강의』를 이 총서의 하나로 출판했다.

학과 자신의 친구이자 적이기도 한 장 폴 사르트르에 대해서 욕설도 퍼부었다. "삶을 대면한 진정한 실재론[8]이란 구체적인 것이, 즉 진짜 현실[9]이 고통[10]에 다름 아니라는 것을 아는 것이다. 현대철학은 이와 반대로, 마치 고통이 존재하지 않기라도 하듯 현학적이고 유식한 체하는 어조를 취한다. 사르트르는, 만일 사람들이 죽은 이후 천국으로 간다고 믿는다면, 가혹한 고통도 그들에게는 어쩌면 심지어 쾌락이라고 말하기까지 할 것이다. 그런데, 내가 보기에, 그런 말은 조금도 진실하지 않다. 나는, 그처럼 현학적인 어조로 고통을 가볍게 취급하는 방식이 극도로 부르주아적이면서 대부분 대학교수에 의해 행해진, 현대철학이 저지른 잘못들 중의 하나라고 생각한다. […] 나는 고통의 개념을 제시할 수 있을 어떤 것, 진짜 끔찍하고도 절대적인 어떤 것, 현실의 토대 자체를 쓰고 싶다. 나 자신은 우주란 완전히 어둡

---

8 Réalisme은 여기서 문학의 '사실주의'가 아니라 철학의 인식론에서의 실재론을 의미한다. 친구이자 적인 사르트르에 대한 철학적 비판에서 나온 것이다. 그런데 문학 혹은 회화에서 사용하는 '사실주의(리얼리즘)'로 이해해도 아무런 문제가 없을 듯하다. 그러니 원문의 의미는 '삶의 현실은 고통이다.'라는 것이다. - 옮긴이 주

9 Réalité. 철학에서는 '실재', '실재성'으로 옮긴다. 언어를 사용하는 현실 감각과는 동떨어진 번역어가 아닐 수 없다. 그냥 현실, 현실 세계, 일상 세계 정도로 이해하면 되겠다. - 옮긴이 주

10 누구나 알고 있듯 인생은 고통의 바다이고, 사는 게 곧 고통이다. 다만 삶이 아픔이라는 것은 슬픈 현실이기도 하다. - 옮긴이 주

고 비어 있는 것으로 생각한다. 이 우주에서 유일하게 실재하는 것[11]은 다름 아닌 아프게 하는 것이다. 정확히 말하자면 고통이다. 진짜 악마란 바로 그런 것이다. 나머지는 과도한 수사에 불과하다."[12]

1969년 4월 27일에서 5월 25일 사이에 곰브로비치가 아내 마리 리타 라브로스[13]와 도미니크 드 루에게 들려준 『6시간 15분 철학 강의』는 이 폴란드 작가가 생애 마지막 몇 달을 견디도록 도움을 주었다. 그는 자신이 쓴 노트들과 아르헨티나[14]에서 가져온 책 몇 권을 다시 손에 들었다. 그 몇

---

11 La seule chose réelle. 철학에서는 réel을 '실재(實在)의'로 번역한다. 우선은 현실적이고 구체적인 것 정도의 의미로 받아들이자. - 옮긴이 주

12 P. Sanavio, *Gombrowicz : la forma e il rito*, Marsilio, Padoue, 1974, p. 16. (원주)

13 Marie Rita Labrosse(1963~). 캐나다 출신의 문학 연구자로 1964년에 한 콜로키움에서 곰브로비치를 만나 그의 비서가 되었다. 같은 해 프랑스의 방스에 곰브로비치와 함께 정착했고, 1968년 12월에 곰브로비치와 결혼했다. 곰브로비치가 사망한 후 현재 파리에 거주하고 있으며, 40여 개 언어로 번역된 곰브로비치의 작품을 관리하고 있다. - 옮긴이 주

14 곰브로비치는 1939년 취재차 잠시 머물기 위해 아르헨티나에 갔지만 나치 독일의 폴란드 침공으로 인해 유럽으로 돌아가지 못했다. 결국 그는 부에노스아이레스와 약 300km 떨어진 탄딜에서 24년 동안 머물렀다. 아르헨티나에서의 삶과 폴란드 이민 지식인들과의 드문 만남은 파리에서 발간된 폴란드 잡지 『쿨투라(Kultura)』에 실린 「일기」에 기록되어 있으며, 곰브로비치는 포드 재단의 지원금 덕분에 1963년에야 베를린으로 돌아왔다. - 옮긴이 주

권의 책이란 하이데거의 『존재와 시간』, 후설에 관한 파버의 연구 논문과 하이데거에 관한 와엘렌스의 연구 논문, 발의 『실존주의의 역사』, 현상학에 관한 리오타르의 에세이와 마뉘엘 가르시아 모렌테[15]의 『예비 철학 수업』이다.[16] 이 몇 차례의 강의는, 곰브로비치를 병에서 잠시나마 떼어 놓을 수 있는 것이 철학뿐이라는 것을 잘 알고 있던 -곰브로

---

15 Marvin Farber(1901~1980). 미국의 철학자. 『현상학의 기초. 에드문트 후설과 엄밀한 철학 과학을 위한 탐구The Foundation of Phenomenology. Edmund Husserl and the Quest for a Rigorous Science of Philosophy』는 의심할 여지 없이 젊은 후설의 발전에 관한 가장 중요한 저서이다.

Alphonse Marie Adolphe De Waelhens(1911~1981). 벨기에의 철학자이자 루뱅 대학교의 프랑스어 및 네덜란드어 교수. 그는 일반적으로 현상학 분야의 전문가로 알려져 있다.

Jean André Wahl(1888~1974). 프랑스의 철학자. 1936년에서 1967년까지 소르본 대학의 교수를 역임했다.

Jean-François Lyotard(1924~1998). 프랑스의 철학자, 사회학자 및 문학 이론가.

Manuel Garcia Morente(1886~1942). 스페인의 철학자이자, 번역가, 교수, 신부였다. - 옮긴이 주

16 M. Heidegger, *El ser y tiempo*, Fondo de Cultura Economica, Ciudad del Mexico, 1962; M. Faber, *Husserl*, Ediciones Losange, Buenos Aires, 1956; A. De Waehlens, Heidegger, Ediciones Losange, Buenos Aires, 1955, J. Wahl, Historia del existencialismo, Editorial Dencalion, Buenos Aires, 1954; J. F. Lyotard, *La fenomenologia*, Edition Universitaria, Buenos Aires, 1960; M.G. Morente, *Lecciones preliminares de filosofia*, Editorial Losada, Buenos Aires, 1948. 이 책들은 현재 파리에 있는 그의 아내 리타의 집에 소장되어 있다. (원주) 이 책들은 모두 스페인어 판본들이다. - 옮긴이 주

비치와 함께 그의 전 작품과 사상을 관통하는 대담집의 일종인 『유언Testament』(1968)[17]을 공동으로 저술한- 도미니크 드 루[18]의 아이디어였다. 드 루는 자신이 **철학 선생** 곰브로비치의 **학생**이 되겠다고 제안했다. 이와 관련된 세부적 사항은 이 폴란드 작가의 아내에 의해서도 확인된다. "도미니크는 곰브로비치가 육체적으로 무너지고 있는 시기에 철학만이 정신을 집중하게 할 수 있다는 것을 아주 잘 이해했어요."[19]

이 『6시간 15분 철학 강의』는 곰브로비치가 보았던 그대로, 우리 시대의 철학에 생명을 부여한 근대 사상가들을 개인적으로 재구성한 것이다. 이 **철학 강의**는 타인의 사유와 자신의 사유를 요약해 제시하는 어조를 취하고 있다. 아니, 오히려 다른 사람들의 사유를 통과한 자신의 사유를 요약

---

17 W. Gombrowicz, *Testament. Entretiens avec Dominique de Roux*, Belfond, Paris, 1990. (원주)
이 대담집의 제목에 포함된 testament이라는 단어의 사전적인 뜻은 우선 '유언(장)'이고, (작가의) 유작이고, 대문자로 적으면 구약성서, 신약성서라는 표현에 들어 있는 '약속'이자 '언약'이다. 이 책을 '회고록 『증언』'이라고 소개하기도 하지만, '유언'인지 '증언'인지는 대담의 내용을 확인해야 알 수 있겠다. - 옮긴이 주

18 D. de Roux, "Note", in *Cahier Gombrowicz*, Ed. de l'Herne, Paris, 1971, pp. 391-393. (원주)

19 R. Gombrowicz, *Gombrowicz en Europe, 1963-1969*, Denoël, Paris, 1988, p. 334. (원주)

하고 있다고 하는 것이 더 낫겠다. 이 **철학 강의**는 또한 유머와 번득이는 직관이 가득한 페이지들이기도 하다.

곰브로비치의 목적은 키르케고르[20]를 기둥으로 하는 **계보 나무(수형도)**[21] 그림을 상상하면서 일종의 **실존주의의 계보**를 재구성하는 것이다. 이미 1960년에 『일기Journal』[22]의 어느 페이지에서 그는 실존주의 철학을 이해하기 위한 필수적인 저자들의 도식을 그려 냈다. "…마르크스[23]를 읽기 위해서든 키르케고르를 읽기 위해서든 우리는 헤겔이 필요하다. 그리고 우리는 칸트[24]의 『순수이성비판』을 알지

---

20 Kierkegaard(1813~1855). 덴마크의 철학자로, 철학자들을 자조적인 시선으로 바라봄. 사람들은 그가 세 가지 분야에서 특출한 인재였다고 여겼다. 키르케고르는 실존주의, 정신분석학, 신학 세 분야에서 훌륭한 성과를 남겼고, 실존주 3인방 야스퍼스, 하이데거, 사르트르도 모두 그가 선구자임을 인정했다- 옮긴이 주

21 Arbre généalogique. 원서에서는 우리가 「해제」로 소개한 「서문」과 『철학 강의』 사이에 이 수형도가 첨가되어 있는데, 우리말 번역본에서는 제일 앞에 위치하게 되었다. 자세히 보면 대부분 눈에 익은 철학자들의 이름이 보이고 간혹 모호한 경우도 있다. - 옮긴이 주

22 곰브로비치 생전에 일기는 세 차례에 걸쳐 출간되었다. 1957년에 『일기: 1953~1956』, 1962년에 『일기: 1957~1961』, 1966년에 『일기: 1961-1966』. - 옮긴이 주

23 Karl Marx(1818~1883). 변증법적 유물론과 역사적 유물론, 정치경제학으로 이루어진 마르크스주의를 창시해 20세기 인류 역사에 가장 큰 영향을 끼친 철학자이다. 20세기의 노동자, 정치가, 혁명가, 학자 할 것 없이 서로 다른 이유로, 때로는 완전히 반대되는 이유로 마르크스는 큰 의미로 다가왔으며, 21세기에 들어서도 그의 철학은 여전히 현재진행형이다. - 옮긴이 주

못하면 헤겔[25] 속으로 들어갈 수가 없다. 『순수이성비판』 자체도 그 기원을, 일부는 흄[26]으로부터, 그리고 버클리[27]로부터 끌어냈다. 좀 더 멀리 거슬러 올라간다면 적어도 아리스토텔레스를, 그리고 플라톤을 어느 정도는 읽는 것이 불

---

24 Immanuel Kant(1724~1804). 철학사를 통틀어 가장 위대한 철학자의 한 사람으로 평가받는다. 흄의 회의론적인 결론을 보면서 칸트는 '독단의 선잠'에서 깨어나, 지식과 관련된 모든 문제를 완전히 새롭게 사고하게 되었다. 경험론과 합리론을 통합하면서 인식의 성립 조건과 한계를 규명하고, 형이상학적 현실을 비판하여 비판철학을 확립했다. - 옮긴이 주

25 Georg Wilhelm Friedriche Hegel(1770~1831). 우리는 헤겔을 생각하면 "미네르바의 부엉이는 황혼이 깃들 무렵에야 날기 시작한다!"를 떠올린다. 정신적인 완벽함을 추구한 헤겔은 절대정신이라는 개념을 수립하고, 독일 철학이 자신에게 이르러 아무도 능가할 수 없는 최고봉에 이르렀다고 선언했다. 그의 철학은 부르주아 혁명에 이론적 기초를 제공했다. 그가 내놓은 철학은 가히 혁명적이라고 할 수 있는 변증법이었다. - 옮긴이 주

26 David Hume(1711~1778). 흄은 경험론적 인식론을 철저하게 밀어붙여 '실체'나 '인과' 등의 관념은 확실하지 않으며 증명될 수 없다고 결론지어, 인간의 믿음과 지식에 대한 회의를 불러일으켰다. 이타주의가 엿보이는 흄의 도덕철학이 19세기 영국의 공리주의에 영향을 끼쳤고, 인간의 이성에 대한 그의 회의에 대한 반발로서 칸트의 비판철학이 탄생했다는 점에서, 그의 사상은 서양철학사에서 매우 중요한 위치를 차지한다. - 옮긴이 주

27 Georges Berkeley(1685~1753). 18세기 영국과 아일랜드의 고전 경험론을 대표하는 철학자이자 성직자인 버클리는 정신적인 것을 제외한 모든 것은 감각에 의해 지각되는 경우에만 존재한다는 극단적인 관념론을 주장했다. 종국에는 당대의 유물론, 무신론, 이신론 등에 대응해 기독교를 변호하는 방향으로 나아갔다. - 옮긴이 주

가피할 것이다. 물론 근대적 사유의 아버지 데카르트를 잊어서는 안 된다. 이 철학자들의 저서를 읽는다는 것은 현상학(후설)의 전제 개념들이 된다. 현상학이 없다면 우리는 『존재와 무』도, 『존재와 시간』도 읽을 수 없다."[28]

　이 **철학** 강의는 곰브로비치의 모든 서사 작품과 희곡 작품, 특히 그의 『일기』를 다시 읽기 위한, 이해하기 위한 열쇠이다. 철학은 사실 음악과 더불어 그의 크나큰 열정의 대상이었다. 시인 체슬라브 밀로즈[29]는 곰브로비치가 오직 철학에 대해서만 이야기하는 것을 좋아했었다고 회상한다. 이와 같은(철학에 대한) 엄청난 열정은 이미 그의 가르침에서 드러났다. 1959년 부에노스아이레스의 '예술을 사랑하는 사람들의 모임'[30]에서 하이데거에 관한 몇 차례의 강의가 있었다. 1936년에 후설에 대한 열정을 공유하고 있던 그의 친구인 작가 브루노 슐츠[31]는 마치 예언이라도 하듯

28　W. Gombrowicz, *Journal 1957~1960*, trad. par Christophe Jezewski et Dominique Autrand, Denoël, Paris, 1976, p. 206. (원주)

29　Czestaw Milosz(1911~2004). Czeslaw로 표기하기도 함. 폴란드의 시인, 소설가, 수필가, 번역가이다. 1980년에 노벨문학상을 수상했다. – 옮긴이 주

30　W. Gombrowicz, *Journal 1957-1960*, ibid., 1976, p. 151. (원주)

31　Bruno Schulz(1892-1942). 브루노 슐츠는 폴란드 문단에서 곰브로비치, 비트키에비치(Stanisław Ignacy Witkiewicz, 1885-1939)와 더불어 '모더니즘의 3대 거장'으로 꼽힌다. – 옮긴이 주

이렇게 적었다. "자네는 위대한 휴머니스트의 재능을 갖고 있네. (순수이성의) 이율배반에 대한 자네의 병적인 감수성은 보편에 대한 향수에 불과하네. 즉 야만의 지대를 인간화하고자 하는 욕망, 그 야만의 지대를 단일성[32]이라는 광대한 땅에 복속시키기 위해 특별한 이데올로기들을 수용하려는 욕망에 불과하네."[33]

이미 1937년에 (하지만 1938년이라는 년도가 적힌 채) 『페르디두르케』[34]라는 제목의 그의 첫 소설이 출간되었을 때, 비평가들은 이 작품에서 이야기와 철학적 에세이가 흥미롭게 혼합된 것을 보았다. 예를 들어 바클라우 쿠바키[35]는, 곰브로비치가 우리 시대의 사회적, 문화적 현상들이라고 취급

---

32 L'unité. 통일성, 일체성, 동질성과 같은 다른 단어로도 옮길 수 있겠다.
      - 옮긴이 주

33 B. Schulz, *Correspondance et essais critiques*, trad. par Christophe
      Jesewski, François Lallier, Dominique Sila-Khan, Denoël, Paris, 1991,
      pp. 146-147. (원주)

34 W. Gombrowicz, *Ferdydurke*, trad. par Georges Sédir, Bourgois, Paris,
      1973. (원주) 독자는 제목 '페르디두르케'가 의미하는 것이 누군가의
      이름 혹은 장소의 이름일 거라는 기대를 하지만 작품 끝까지 페르디
      두르케는 등장하지 않는다. 마치 사뮈엘 베케트의 『고도를 기다리며』
      에 언급되고 있는 '고도(Godot)'가 그러하듯이. 어쩌면 이 책의 제목
      '페르디두르케'는 아무 뜻이 없는 것으로 생각해도 좋을 것이다. 그런
      데 비평가들은 이 이름이 곰브로비치가 즐겨 읽던 미국 소설가 싱클
      레어 루이스의 한 작품에서 별다른 비중 없이 등장하는 인물 'Ferddy
      Durkee'의 이름에서 따온 것이라고 말한다. - 옮긴이 주

한 미성숙[36]과 유치함[37]이라는 주제들이 상당히 중요한 철학적인 논리적 귀결을 갖는다는 점을 지적했다. 유럽 문학에서 처음으로 이토록 심오하고 조롱조로 다뤄진 이 두 주제가 바로 곰브로비치 철학의 첫 번째 핵심을 이루었다. 그에게는 미성숙이라는 주제가 근대인의 조건, 그의 조국의 조건, 그뿐만 아니라 유럽의 조건을 정의하기 위한 가장 효과적인 범주[38]로 보였다. 극소수의 다른 작가들, 특히 중부 유럽의 작가들과 마찬가지로, 그는 유치한 개인들이 아버지가 없는, 게다가 법 위에서 우유부단한 수백만 명의 어린 아이처럼 조국, 인종, 프롤레타리아트, 젊음, 소비 등과 같은 단어들의 깃발 뒤에서 서로를 죽이도록, 살육하도록 부

---

35 Waclaw Kubacki, "Le cas du 'Ferdydurkisme'", *Atheneum*, 1938, n. 2, pp. 40~47. (원주)

36 L'immaturité. 곰브로비치는 『페르디두르케』(1938) 출간 이후 20여 년이 지나서 쓴 『포르노그라피아』(1960)에 붙인 '작가의 말'에는 『페르디두르케』를 자기 소설 세계의 토대라고 언급하며, 자신과 자신의 작품들을 처음 알고자 할 때 가장 좋은 길잡이라고 소개하고 있다. - 옮긴이 주

37 L'infantilisme. 유치함은 미성숙과 더불어 곰브로비치가 일평생 천착했던 주제였다. 곰브로비치는 이러한 미성숙과 유치함 속에서 인간 본연의 솔직함과 고정되지 않은 무한한 가능성을 발견하였다. 그러나 작가의 태도는 언제나 반어적이라서, 주인공을 포함하여 유치하고 미성숙하며 자기중심적인 측면을 기탄없이 드러내는 등장인물들의 우스꽝스러운 모습을 잔인할 정도로 과감하게 묘사하고 거침없이 비웃기도 한다. - 옮긴이 주

추김을 당함으로써 그들 자신을 더욱더 유치한 존재로 만들어 버린 전체주의와 이데올로기의 품에 자신을 헐값으로 팔아넘기며 행복감에 젖어 있다고 생각했다. 근대인의 표식은 피터 팬이나 유조(『페르디두르케』의 주인공) 같은 성장에 대한 거부이며, 책임의 무게를, 성숙이라는 서글픈 특권을, 자유와 민주주의가 부여하는 현기증 나는 무질서를 받아들이는 것에 대한 거부이다. 곰브로비치는 이렇게 설명했다. "내 본래 의도는 우선 타인의 미성숙을 드러내는 것이 아니라, 나의 미성숙도 마찬가지로 드러내는 것이었다. […] 내가 보기에 중요한 것은, 유기적인 측면에서 충분히 조직적이지 못한 상태의 문화란, 그것이 불충분하게 동화되고 이해된 것이라는 것이 드러나자마자 모든 문화가 우리에게서 불러일으키고 풀어놓는 바로 그 미성숙의 상태이다. […] (그것은) 수위가 높아져 가는 해체의 물결에 저항하고 있는 개인의 불평이며, 어떤 위계질서와 형식에 소리

---

38 Catégorie(카테고리). 일상적으로는 흔히 '부문'의 뜻으로 쓰이는데, 철학에서는 사물의 개념을 분류함에 있어서 그 이상 일반화할 수 없는 가장 보편적이고 기본적인 최고의 유개념을 뜻한다. 중세 시대까지는 인간 인식의 기본 형식이면서 동시에 세계 양상의 기본 형식으로 생각했으나, 근대에 들어 인간 인식의 기본 형식으로 파악하는 사고가 우세해졌다(칸트가 대표적이다). 그리스어 카테고리아(Katégoria)에서 유래한 말이며, 한자 문화권에서 쓰는 번역어인 '범주'는 중국의 고대 경전 『서경』 「홍범」편의 '홍범구주'에서 따왔다. - 옮긴이 주

높여 도움을 요청하지만 곧바로, 각 형식이, 정확히 말해서 그를 축소하며 그를 제한한다는 것을 알아차린 개인의 불평이다. 이 개인은 완벽하게 자신의 불완전함을 자각하면서 타인들의 불완전함에 직면한 개인이다."[39]

유치함과 미성숙은 곰브로비치의 세계관 속 중심에 있는 **형식**[40]의 문제와 밀접하게 결부되어 있다. 곰브로비치 스스로 아르헨티나에서 출간된 『페르디두르케』 판본 서문[41]에서 다음과 같이 상세하게 언급한다. "『페르디두르케』의 주요 주제는 두 가지이다. 하나는 미성숙이고 다른 하나는 형식이다. 우리가 자신의 미성숙을 숨겨야만 한다는 것은 기

39 W. Gombrowicz, "Afin d'éviter un malentendu", in *Varia*, trad. par Allan Kosko, Bourgois, Paris, 1986, pp. 67-70. (원주)

40 『포르노그라피아』(1960)에 붙인 '작가의 말'에는 『페르디두르케』가 "미성숙을 폭로하는 것에 멈추지 않고 또 다른, 좀 더 낯선 영역을 탐색하고 있다. '형식'이라는 단어와 '미성숙'이라는 단어를 연결시킨 것이다. 이 소설이 그려 내는 인물은 형식에 의해 만들어진 인간이다. 이 말은 그가 겉으로부터 만들어졌다는 의미로서, 다시 말해 진정하지 않다는, 왜곡되었다는 뜻이다. 그가 한 인간이라는 말은 그가 결코 자기 자신이 아니라는 말과 같다. 그도 역시 형식을 끊임없이 만들어 낸다. 벌이 꽃가루로 꿀을 만들 듯이 지칠 줄 모르고 형식을 빚어내는 것이다. 그러나 또한 그는 자기 자신의 형식에 맞서 싸운다. 『페르디두르케』는 인간이 그 자신을 표현하는 방식과 벌이는 싸움, 형식이라는 프로크루스테스의 침대 위에서 인간이 겪는 고통에 관해 이야기하는 작품이다." - 옮긴이 주

41 W. Gombrowicz, "Préface à l'édition argentine", in *Ferdydurke*, Ed. Argos, Buenos Aires, 1947, p. 248. (원주)

해제 173

정사실이다. 왜냐하면 우리가 내면에 성숙함을 갖고 있다는 것만이 외부로 보여지기 때문이다. 『페르디두르케』는 다음과 같은 문제를 제기한다. 즉, 우리의 외부로 보여지는 성숙함이란 단지 허구에 불과한 것이고, 여러분이 표현하는 모든 게 여러분의 내적 현실에 부합하지 않는다는 것을 여러분은 알지 못한단 말인가? 당신들이 성숙함을 가장하는 한, 당신들은 실제로는 너무나 다른 세계 속에서 살고 있다. 만일 여러분이 이 두 세계를 밀접하게 하나로 만들어 내지 못한다면, 이 문화라는 것은 늘 여러분들에게는 환상의 도구가 될 것이다. 그렇다고 해서 『페르디두르케』가 우리가 인간의 천성적 미성숙이라고 부를 수도 있을 것만을 다루고 있는 것은 아니다. 이 소설은 특히 인위적인 방식들을 통해서 획득한 미성숙도 다루고 있다. […] 『페르디두르케』의 인물들은 자신들이 원하는 것을 하는 것이 아니고, 본성에 따라서 느끼지도 않는다. 그들의 감정과 그들의 행동들 대부분은 외부로부터 그들에게 강제된 것이다. 그들은 서로에게 자신의 의지와는 낯선 여러 가지 태도들, 상황들, 감정들 혹은 생각들을 부추기고, 그런 이후라야만 그들은 부조리와 무질서를 통해 위태로운 상태에 처한 […] 자기 정당화와 여러 가지 구실들을 경험에 의거하여(귀납적으로) 추구하면서, 자신들이 결국에는 저지를 수밖에 없었던 바로 그것에 자신을 심리적으로 맞춘다."

곰브로비치에 따르면, 인간을 특징 짓는 것은 형식을 만들어 내는 끝없는 욕구다. 다시 말해 "무질서한 수많은 분자로 이루어진 파도는, 그럼에도 불구하고 매 순간 결정된 형식을 꿈꾼다."[42] 형식이 우리를 지배한다. 왜냐하면 우리 인간은 그가 『일기』에서 **인간상호적 교회**(인터휴먼 interhumaine 교회)라고 부른 것 속에서 살아가기 때문이다. 다시 말해 인간은 인간에 의해서 창조되었고, 인간은 끝없이 다른 인간들과 관계를 맺고 있다. 그 무엇도 타인의 존재라는 결정적인 압력에서 벗어나지 못한다. 형식은 다음과 같은 두 가지 의미로 이해되어야 할 것이다. 첫 번째는 타인들이 우리에게 강제하는 가면이자 우리가 쓰고 있어야 하는 가면이고, 두 번째는 우리가 받아들여지기 위해 스스로 적응해야 하는 행동이다. (우리는 자유롭기를 원하지만, 우리는 여전히 더 고립된 것은 아닌지 의심한다.) 곰브로비치는 자신의 작품들과 더불어 **반-형식**의 편력 기사[43]로 변모한다. 다시 말하자면, 그의 목표는 외부 세계가 가하는 제약들로부터의 해방일 것이다. 왜냐하면 그는 인간이 내면적으로

---

42 W. Gombrowicz, *Journal 1957~1960*, p. 95. (원주)
43 정형화된 사회 혹은 예술 형식의 틀을 깨기 위해 방랑하며 싸우는 사상적·문학적 전사라는 의미.

는 비非본래적이라고 생각하기 때문이다. "인간은 자신의 본성에 직접적이고 합당한 방식으로 자신을 스스로 표현하지 않는다. 인간은 늘 한정적 형식을 관통한다. 이러한 형식, 이러한 스타일, 이러한 존재 방식은 단지 인간 스스로에게서 기인한 것이 아니라 외부에서 인간에게 강제된 것이다. 그리고 바로 이러한 이유로 동일한 개인이 현명한 방식 혹은 멍청한 방식으로, 잔인한 방식 혹은 천사와 같은 방식으로, 성숙하게 또는 그렇지 않게, 자신만의 스타일이나 타자에 의존적인 스타일로 자신을 스스로 외부에 드러낼 수 있다. […] 우리는 우리의 시대를 지나간다. 우리는 형식을 뒤쫓는다. 우리는 어떤 스타일과 어떤 종류의 인생을 위해서 다른 사람들과 투쟁한다. […] 언제나 그리고 어떤 상황에서든 우리는 형식을 찾는다. 우리는 형식을 즐기거나 형식에 의해 고통받는다. 우리는 형식에 굴복하거나, 형식을 위반하거나, 형식을 부순다. 아니면, 우리는 형식이 우리를 재창조하도록 내버려둔다. **아멘**."[44] 그러므로 인간은 결코 본래적이지 못하다. 인간은 항상 일그러져 있고, 인간은 완전한 실존이 있는 것이 아니라, 자신의 실제 현실 아래 위치한 타락한 실존을 지니고 있다. 그런데 인간의 **실제 현실**이

---

44 Id., *Ferdydurke*, p. 90. (원주)

란 무엇인가? 곰브로비치에게 그것은 돌이킬 수 없이 잃어버린 어떤 것이다. 인간의 **역사L'HISTOIRE**가 여러 세기를 흘러가는 동안, 장-자크 루소가 바랐던 것, 즉 진정하고 자연적인 인간을 회복하는 것은 이제 불가능하다. 여러 가지 형식들의 가면 뒤에는 공기 부족과 습관에 의해서 왜곡된 얼굴이 있다. 우리는 가면을 쓰고 놀이하도록 형形을 선고받았다. "인간은 영원한 배우이다. 하지만 자연스러운 배우이다. 왜냐하면 인간의 기교는 천부적이기 때문이다. […] 인간이라고 말하는 것은 배우라고 말하는 것과 같다. 인간이라는 것은 인간을 모방하는 것이다. […] 이 가면 뒤에 얼굴은 없다. 인간에게 요구할 수 있는 것은, 다름 아닌 인간의 현 상태의 인위성을 자각하는 것, 그리고 그것을 고백하는 것이다."[45]

형식은 (모호하고 불투명한) **무질서**와 대립한다. 이는 **우월함**이 **열등함**에 대립하는 것과 마찬가지이다. 곰브로비치는 우리가 끊임없이 **형식**과 **우월함**을 실현하기 위해 투쟁한다는 것을 신랄하게 드러낸다. 하지만 우리가 늘 무질서와 열등함에 이끌린다는 것도 보여 준다. 왜냐하면 우리 인간에게는 그것들 속에서 더욱 자유로울 수 있다고 보이기

---

45 Id., *Journal 1957~1960*, p. 11. (원주)

때문이다. 실제로, 비록 부분적일지라도, 가능한 유일한 자유란 예술적 창조에 깃들어 있다. 비록 형식으로부터 도망치거나 완벽한 **형식**에 도달하는 것이 불가능할지라도, 예술가는 적어도 예술과 더불어 **놀이하는 것**이 자유롭다는 것을 느낄 수 있다. 예술가는 예술적 협약도 자신의 미성숙도 감추는 대신에, 오히려 그것들을 **눈에 보이게** 만들 수 있다. 그리고 이때, 예술가는 유익한 거리 두기를 유지함으로써 어떤 방식을 통해 그것들의 압박에서 벗어날 수 있게 된다. 곰브로비치에게 예술은 인간이 **실존의 무질서** 속에서 인간 고유의 형식을 조금이라도 가치 있게 만들 수 있기 위해 사용할 수 있는 유일한 수단이다.

　　주체/대상 관계는 **형식**이라는 주제와 밀접하게 관련되어 있다. 곰브로비치는 그의 작품의 인물들처럼 하나의 대상에 시선을 고정했더라면, 혹은 하나의 생각에만 정신을 집중했더라면… 미쳐 버렸을 수도 있다. 그와 같은 집착은 특히나 『코스모스』(1965)[46]에서 명백하게 드러난다. 이 소설은 **탐정소설**[47]처럼 구성되어 있다. 다시 말해 이 작품은 사물들의 혼돈 속에서 등장인물들에 강압적으로 부과되는 징후들을 발작적으로 탐색하는 이야기다.어떤 대상을 징후로 간주하는 것은 그것에 어떤 의미를 부여한다는 것을 뜻한다. 이것은 정확히 그 어떤 대상이 어째서 우리의 눈길을 사

로잡았는지에 대해 스스로 이유를 묻게끔 이끈다. 곰브로
비치에게 탐정의 행동 방식이란, 어느 정도 각 개인이 현실
과 관련해 -인지적 행위 속에서- 지속적으로 행하는 것에
대한 상징이다. 다시 말해 "탐정 소설이란 무엇인가? 카오
스에 유기적 형태를 부여하는 시도이다. 이런 이유로 내가
'현실을 만들어 내는 것에 관한 소설'이라고 즐겨 부르는
내 작품 『코스모스』는 일종의 탐정 이야기가 될 것이다."[48]
곰브로비치에게 객관적 세계란 존재하지 않는다. 객관적

---

46 *Cosmos*. 곰브로비치의 네 번째 장편소설. 『코스모스』에서 곰브로비치
가 주목하는 것은 '인간'과 그 인간을 둘러싼 '세계'와의 관계, 그리고
'실제'와 '가상', '의식'과 '무의식'의 상호작용이다. 그는 스스로 『코스모
스』를 가리켜 '검은 소설'이라고 명명했고, 등장인물들은 항상 어둠에
둘러싸여 있고, 자신의 내면에 다양하게 변주된 형태의 짙은 어둠을
간직하고 있다. 『코스모스』라는 제목에서도 알 수 있듯이, 이 작품은
미크로코스모스에 해당하는 '개인'이 마크로코스모스에 해당하는 '세
계'를 인식하는 과정에서 작동하는 다양하고 복잡한 메커니즘에 대한
성찰을 시도한다. - 옮긴이 주

47 『코스모스』는 셜록 홈즈 스토리로 대표되는 탐정소설을 떠올리게 만
드는 낯익은 형식을 표방하고 있지만, 그 안에 담겨 있는 이야기는 상
당히 낯설고, 모호하고, 기괴하며, 음험하기까지 하다. 의식의 바깥으
로 눈을 돌려 현상을 응시하는 작가의 독특한 관점은 정형화된 규범
이나 틀을 철저히 거부한다. 흥미로운 점은 이러한 시도를 통해 획일
적 메커니즘에 길들여져 있으며, 지극히 사소한 일상에까지 억압과
통제가 자행되는, 가식과 위선으로 가득한 현실 세계의 모순이 오히
려 더욱더 선명하게 조명된다는 점이다. 『코스모스』, 최성은 옮김, 민
음사, 2015, pp. 300-301. - 옮긴이 주

48 Id.,*Cosmos*, trad. par Georges Sédir, Denoël, Paris, 1991, p. 9, Folio n.
400. (원주)

세계란 마치 칸트의 **누멘(물자체)**[49]처럼 인간의 인식 한계를 넘어서는 것이다.

모든 인간은, 자의식을 갖게 되는 순간부터, 자신을 둘러싼 무질서(카오스)에 질서(코스모스)를 부여하려고 시도한다. 인간은 일상적으로 자신을 엄습하는 수많은 감각에서 복잡한 문제의 매듭을 찾아내려고 시도한다. 카오스에서 코스모스로의 이행, 막연한 객체들에서 주관적 질서로의 이행은 우리 인간의 본성 자체에 내재된 것이다. 다시 말해, "일단 우리가 카오스에서 벗어나면 이후 우리는 결코 그 카오스와는 접촉할 수 없을 것이다. 이제 겨우 우리는 눈앞에서 질서가 생겨나는 것… 그리고 형식이 생겨나는 것을 보았을 뿐이다."[50] 각 개인이 현실을 **창조한다.** 그리고 작가, 철학자 혹은 과학자도 똑같이 현실을 창조한다. 예를 들어, 소설은 그 자체로 하나의 현실이고, 선택된 많은 요소들의 정돈이다. 하지만 현실에 부여된 이 질서는 너무나 개인적인, 고립된, 사적인 어떤 것이다. 인간이 세계에 강제한 이 질서는, 곰브로비치에 따르면, 터무니없이 주관적이다. 이

---

49 Numen. 칸트는 세계를 둘로 분리하고 관찰하였는데, 눈앞에 드러난 세계를 현상이라 부르고, 현상 너머의 세계는 물자체, 즉 누멘이라고 불렀다. 칸트는 우리가 알 수 있는 것은 현상뿐이며, 실제를 인식하는 것은 절대 불가능하다고 설명했다. - 옮긴이 주

50 Id., *Cosmos*, ibid., p. 41. (원주)

인식적 주관주의의 상징이 바로 돈키호테이다. 라만차의 이 기사는 현실과 광기, 몽상과 깨어 있음을 구분하는 데 사용되는 시금석으로서의 **이 세계가** (만약 언젠가 존재했다면) 더 이상 존재하지 않는다는 것을 보여 준다. 세상들은 이제 그 세상들을 사유하는 존재들이 그런 것처럼 무한하다. 돈키호테는 그 극단에 다다른 인식적 주관주의의 한 예이다. 다시 말해 모든 현실은 영웅적 기사의 시대에 그의 귀환/도피에 무릎을 꿇어야 한다. **돈키호테는 칸트를 예고한다.** 만일 돈키호테의 뇌가 현실을 만들어 냈다면, 그 현실 속에는 당연히 무엇인가가 존재해야만 한다.[51]

그 때문에 **사실상의 함정**인 대상들의 세계와 우리가 맺는 강박적 관계의 메커니즘을 곰브로비치는 다음과 같이 기술했다. "내 주변에서 일어나는 현상들의 무한성 속에서, 나는 하나의 현상을 포착한다. 예를 들어서 나는 테이블 위에 놓인 재떨이를 인식한다. (이때 주변 다른 대상들은 무無 속에 잠긴다.) 만일 내 시선이 놓인 것이 왜 정확히 재떨이였는지를 설명하게 된다면("나는 담뱃재를 털고 싶었다.") 모든 것은 문제가 없다. 만일 내가 우연히 아무런 의도 없이 재떨이

---

51 Cf. W. Gombrowicz, "Don Quichotte aujourd'hui", in W. Gombrowicz, Varia, Bourgois, Paris, 1986, pp. 11~16. (원주)

를 보았고, 이어 시선을 다른 곳으로 돌렸다면, 이 또한 완벽하게 아무런 문제가 없다. 하지만 이 무의미한 현상에 일단 관심을 둠으로써 만일 당신이 두 번째로 그 현상에 시선을 두게 된다면… 불행이여! 무의미한데 왜 다시 시선을 두었는가? 아, 그러니까 그것에 다시 시선을 둔 것이, 그것이 당신에게는 무언가 의미 있는 것이기 때문인가? …이것이 바로, 당신이 단순히 잠깐 더 이 현상에 부당하게 관심을 집중했기 때문에 발생하는, 대상이 구분되기 시작하고, 의미를 획득하기 시작하는 방식이다. […] 의식 속에는 그 의식을 함정으로 만드는 어떤 것이 있다."[52]

철학적 이론의 분야에서 주체/대상 관계는 곰브로비치가 '철학 강의'를 했을 때 적었던 『일기』에서 길게 검토되었던 것으로서, 그 전문을 인용할 만한 가치가 있다.

인간의 가장 근본적인 찢어진 상처, 항상 피가 흐르는 상처, 그것은 주체-대상 딜레마이다. 근본적이며 절망적인 딜레마이다. 주체-대상 관계, 즉 의식-의식의 대상 관계는 모든 철학적 사유의 시작점이다. 우리가 세계를 단 하나의 단

---

52 W. Gombrowicz, *Journal 1961~1969*, trad. par Christophe Jezewski et Dominique Autrand, Bourgois, Paris, 1981, p. 164. (원주)

일한 대상으로 축소한다고 상상해 보면, 세계는 존재하지
않을 것이다. 실제로 의식은 모든 것의 외부에 존재하며,
의식은 궁극적인 결과이다. 다시 말해, 나는 나의 생각, 나
의 몸, 나의 인상, 나의 감각을 의식하고 있고, 바로 그렇기
에 —나에게는— 이 모든 게 존재한다.

　플라톤과 아리스토텔레스에게, 사유는 처음부터 주관적
사유와 객관적 사유로 분리되어 있었다. 토마스 아퀴나스[53]
의 중재 덕분에, 아리스토텔레스는 여러 다양한 길을 거쳐
우리 시대와 다시 만나게 되며, 반면 플라톤은 성 아우구
스티누스[54]와 데카르트를 통해, 칸트의 비판이라는 맹목적
인 폭발과 독일 관념론의 —피히테, 셸링, 헤겔— 계보를 통
해, 그리고 마침내 후설의 현상학과 실존주의를 통과해서

53　Thomas Aquinas(1225?~1274). 철학자의 사상 가운데 국가의 공식적
　　인 이데올로기가 되어 막강한 권위를 누린 사상이 있는데, 바로 카를
　　마르크스의 마르크스주의와 토마스 아퀴나스의 토마스주의다. 아퀴
　　나스의 신학 철학 체제는 1879년 로마 교황으로부터 천주교의 유일
　　한 공식 철학으로 지정되었다. - 옮긴이 주

54　Augustinus Aurelius(354~430). 기독교 문헌을 정리하고 편찬함으로
　　써 기독교의 교리를 체계적으로 수립하는 사람들을 '교부'라고 부르
　　고 그들의 신학 사상을 '교부학'이라고 불렀다. 그들 중 가장 유명한
　　인물이 바로 아우구스티누스다. 그는 플라톤의 사상과 신플라톤주의
　　에서 기독교의 교리와 일맥상통하는 부분을 이용해 기독교 교리를 다
　　시 해석하고 그리스인의 이성과 로마인의 윤리, 유대인의 신앙을 완
　　벽하게 결합시켰다. - 옮긴이 주

처음의 모습보다도 훨씬 더 화려하게 꽃을 피우게 된다. 오늘날 객관적 사유의 경우는 무엇보다도, 한편으로는 카톨릭에서 다른 한편으로는 마르크스주의 속에서 구체화하며 표현되고 있다. 그럼에도 마르크스 자신의 고백에 따르자면, 마르크스주의는 어떤 철학이 아니다. 믿음에 기반을 둔 형이상학으로 자처하는 카톨릭의 경우는, 매우 역설적이게도 객관적 세계가 존재한다는 주관적 확신이다.

당신들은 예술의 분야에서 이 두 가지, 즉 주관주의와 객관주의를 발견하길 원하는가? 보다시피, 르네상스는 객관주의가 아닌가? 바로크 예술은 주관주의인가? 음악에서, 베토벤은 주관적이고, 바흐는 객관적인가? 그렇다면 위대한 인물들, 예술가들, 몽테뉴나 니체와 같은 사상가들은 주관주의를 주창하지 않았단 말인가? 당신들은 이러한 이중적인 상처가 얼마나 계속해서 피 흘리고 있는지를 이해하고 싶기는 한 것인가? 『존재와 무』에서 사르트르가 "나를 제외하고, 다른 사람들은 존재하는가?"라는 아주 이상한 질문에 할애한 비극적인 몇 페이지를 읽어 볼 생각은 있는가?

나는 아주 이상한 질문이라고 말했다. 실제로, 타자들의 존재(실존)란 어쨌거나 가장 분명하며 가장 명백한 현실들 중의 하나이다. 그리고 실존주의자이며 마르크스주의자이기도 하며 도덕주의자이기도 한 사르트르에게, 이와 같은 현실을 수긍할 수 있는 것으로 인정한다는 것은 사느냐 죽느냐의 문제였다. 그럼에도 불구하고 사르트르는 데카르트, 칸트, 후설의 저서에서 제기되고 있는 이 문제에 대한 심도 있는 분석을 거친 이후에, 엄격하게 철학적인 추론을 위해서는 타자의 실존은 형식적으로는 받아들일 수 없다는 것을 인정할 수밖에 없는 처지에 놓인다. 왜일까? 그것은 나의 절대적 본질 속에서 나는, 사람들이 알고 있듯이, 하나의 순수한 의식, 하나의 주체이기 때문이다…. 그런데 만일 내가 다른 사람도 마찬가지로 하나의 의식이라는 걸 인정하게 된다면, 바로 이때, 이 낯선 의식을 위해서 나는 바로 그 순간 하나의 대상, 즉 하나의 사물이 되어야 한다. 그런데 엄격한 추론에 따르자면, 한 주체가 다른 주체를 필연적으로 제외하게 되는 **두 개의 주체**는 그 추론에 존재해서는 안 될 것이다.

철학을 전혀 이해하지 못하기 때문에 철학을 허튼소리라고 여기는 무지한 자들에 대해서 말하자면, 나는 그들에게 다음과 같이 언급해 주고자 한다. 즉 그들의 모순적인 자가당착은 마치 광입자파동 이론에, 전자에 대한 이중 개념에, 아인슈타인의 (시공)연속체에, 플랑크 이론에 봉착한 현대 물리학자들이 머리를 쥐어짜며 이해하려고 애쓰는 것과 유사한 모순적 자가당착이라고 말이다. 언제 어느 시대나 어디서든 가장 심오한 사상은 해석의 이중성이라는 내적 측면에서는 그 자체도 역시나 양립 불가능하고 해결 불가능한 암초를 만나서 부서진다. 인간이 인간 자신에 대해 그토록 미스터리인 것은 바로 그러한 이유 때문이다. 그럼에도 사르마티아[55] 사상가들에게 이 문제는 속물들 그리고 역시나 속물들인 또 다른 독선적이고 멋진 정신의 소유자들이 중용의 차원에서 창안해 낸, 단지 하찮고 엉뚱하고 모호한 문제일 뿐이다.

그런데, 기이한 것은 그와 동일한 모순적 자가당착이 우리가 그 자체로 순수한 의식이 무엇인지를 이해하고자 시도할 때도 나타난다는 점이다. 다시 말하자면 의식은 실제로 무언가에 대한 의식일 수 있을 뿐이고, 이때 의식은 상관관계적이다. 예를 들어, 만일 내가 여기 이 테이블의 모양이나 저기 저 암소의 움직임을 의식할 수 있다면, 그 **대상으로부터 독립된** 의식을 상상할 수는 없다. 왜냐하면 의식이 의식인 한, 그 의식은 정확히 무엇인가에 대한 의식을

---

55 Les penseurs sarmates. 유목민족 '사르마티아'라는 이름은 인도-이란어로 '검을 든 자'라는 뜻이다. 기원전 3세기 사르마티아인은 오늘날의 우크라이나에 정착하기 위해 돈강을 건너오기 시작했다. 그리스인은 사르마티아인이 수많은 여성 군대와 여왕들의 강력한 힘 때문에 '여성의 통제 아래 있다'라고 말하기도 했다. 그리스인은 사르마티아 여전사를 '아마존(복수형은 아마조네스)'이라 불렀다. - 옮긴이 주

갖기 때문이다. 이럴 경우 (A는 A와 동일하다는) 동일성의 법칙은 더 이상 유효하지 않게 된다. 즉 우리의 생각은 근본적이고 해결 불가능한 모순적 자가당착에 또다시 위협받게 되고, 따라서 우리는 우리 내부에서 발생하는 기이하고 근원적인 '회피'를 두드러지게 하는 다음과 같은 실존주의적 표현으로 향한다. 즉 인간 존재를 포착하는 것의 불가능성, 다시 말해 인간은 자신이 아닌 존재이며, 따라서 자신인 것이 아닌 존재다.

이것은 **물렁한 정신의 소유자**들에게는 단지 **자신의 배꼽만 바라보는** 에고이스트적 응시이자 **대혼란**에 불과해 보이는 주관주의의 **사소한** 문제가 어떻게 해서 등장하는지를 보여 주는 개략적인 설명이다.

머릿속에 짙은 안개가 끼어 있는 이 **물렁한 정신의 소유자**들에게는 모든 것이, 당연하게도 혼란과 안개에 불과하다. 그런데 이 아무것도 아닌 문제, 이 작디작은 문제가 실제로는 모든 동시대 문화를 지배하고 있다. 그런데, 이 **물렁한 정신의 소유자**들은 자신들의 마르크스주의와의 투쟁이 정확히 주관주의가 객관주의에 대해 벌이고 있는 투쟁이라는 것을 이해할 수조차도 없는 자들이다. 과학의 순수한 산물인 마르크스주의는 사실 과학적인 수단들, 즉 객관적인 수단들을 통해 집단성을 조직하려고 시도한다. 다시 말하자면, 마르크스주의는 순수한 개념으로 사용되는 순수한 이론이라는 것이 명확히 드러난다. 그 때문에 마르크스주의가 인간에게 가르쳐 주는 것은 말하자면 다름 아닌 **외부세계**인 것이다. 반면에, 자신의 내면세계를, 자신의 자유를, 자신의 개인적 삶을 옹호하는 자는 바로 그 이유로 인해 주관주의의 측면에 위치하는 것이다.

결론을 맺자면, 객관주의와 주관주의 사이의 차이점을 더욱 명확하게 만들어 줄 최후의 예증이 하나 있다. 어떤 환자의 맹장을 제거하는 외과 의사는 그 환자를 하나의 **대상**으로 간주한다. 즉 우리가 자동차나 엔진을 고치는 것과 정확히 동일한 방식으로 수술할 수 있는 대상으로 간주하는 것이다. 다시 말하자면, 이는 잘 작동하지 않는 하나의 기계 장치와 관련된 문제가 되는 것이다. 그렇지만 자기 몸 자체가 수술을 겪은 환자는 그 (수술이라는) 사태를 다른 시각으로 바라본다. 다시 말해, 그 수술은 다른 것이 아니라 바로 그의 개인적인 사태, 즉 판명하고 독자적인 것이자, 그에게는 다름 아닌 **자신의** 수술이다.[56]

따라서 논리는 주관적인 사실로 간주되었다. 현실은 하

---

56 *Journal 1961~1969*, pp. 233~236. (원주)

나의 퍼즐이며, 각각의 퍼즐은 매우 개인적인 제안들에 의해서, 그리고 대상들로 이루어진 세계에 대한 (현실이 가장 기괴한 인간적인 유혹과 공상에 대해서조차 **응답하는** 것처럼 보인다는 의미에서) 일종의 **마법**에 의해서 이끌리는 구성 조각들을 나름의 방식으로 구성하고 있다.

곰브로비치의 작품은 처음부터 20세기의 두 가지 주요한 사상적 흐름의 교차점에 자리하고 있다. 그것은 정신분석과 실존주의이며, 곰브로비치는 1930년대의 혼란스러운 상태이면서도 외부에 예민하게 촉수를 드리우고 있던 그의 조국 폴란드에서 그것들을 자신만의 방식으로 포착했고 다시금 만들어 냈다.

정신분석에 관한 한, 1935년 당시 소설을 쓰기 시작한 곰브로비치가 지그문트 프로이트의 『정신분석학 입문』 번역에 대해 찬탄하는 비평을 내놓은 반면, 카톨릭과 마르크스주의에 경도된 폴란드 문화계 전체가 그 책의 주장들을 공포스럽게 거부했던 것은 우연이 아니다.[57] 이러한 양상은 앞에서 인용한 브루노 슐츠의 『페르디두르케』에 대한 리뷰에서 매우 명쾌하게 강조되었다. 슐츠는 곰브로비치를 **미성숙**의 **대리인**으로 규정했다. "프로이트주의와 비슷한 것

57　W. Gombrowicz, "Don Quichotte aujourd'hu", *Varia*, pp. 33~37. (원주)

은 자명하다. 그러나 프로이트는 무의식을 발견한 후 그 무
의식을 하나의 심리학적 호기심, 일종의 섬으로 만들어 버
렸고, 그 무의식을 이해할 수 없는 증상으로 제시해 버렸으
며, 병리학의 그물망을 통해 사물의 역설적이고 자율적인
흐름으로부터 완전히 절단되고 분리된, 역설적이고 자율적
인 논리로 우리에게 제시했다. 반면 곰브로비치는 소위 정
상적이고 경험적인 과정에 정확하게 초점을 맞추었다. 그
는 이러한 과정들의 정당성과 규칙성이, 사실은 특정한 훈
련의 산물인 우리 의식이 만들어낸 착시에 불과하다는 점
을 보여주었다. 우리의 의식은 자신에게 적합한 내용만을
받아들이고, 공식적인 내용들이 담긴 작은 석호를 압도하
는 미성숙의 요소는 아예 기록하지 않는다는 것이다."[58] 하
지만 곰브로비치는 전쟁 이후 더 이상 프로이트에게 관심
을 보이지 않았다. 심지어 문학의 이름으로 프로이트와 거
리를 둔 것처럼 보였다.[59] "심리학… 물론… 나는 그것을 당

---

58 B. Schulz, *Correspondance et essais*, p. 347. (원주)

59 여전히 전쟁 중이던 때, 아르헨티나에서(1941년 10월 7일) 폴란드 시
인 율리안 투비임(Julian Tuwim)에게 보낸 편지에서, 곰브로비치는
'폴란드 정신'에 관한 연구를 쓰고자 했으며, 안토니 츠보이드진스키
(Antoni Cwojdzinski)의 희극화 작업 텍스트를 번역했다. ""프로이트 :
꿈의 이론Freud : théorie des rêves", 1937, in A. Cwojdzinski, *Comédie
savante*, PIW, Varsovie, 1968. (원주)

연히 과학으로 존중한다. […] 우리는 한 권의 정신분석 책에서 프루스트와 발자크의 작품을 모두 합친 것보다 더 많은 심리학을 발견한다. (그런데) 정신분석은 우리의 감성에 아무것도 불러일으키지 못한다. 왜냐하면 정신분석은 우리를 대상으로 취급하기 때문이다. (하지만) 우리가 문학을 할 때, 우리는 주체이거나 혹은 작품이게 된다. 바로 이것이 엄청난 차이점이다. 오늘날까지도 우리는 여전히 주체와 대상 사이의 근본적인 대립 속에서 살고 있는 것이다."[60]

훨씬 더 중요한 다른 양상은 실존주의이다. 곰브로비치는 스스로가 당연히 실존주의의 선구자 중 한 명이라는 느낌이 있었다. 그는 감히 자신이 사르트르보다 낫다고 주장했을 정도다. "나에게는, 사르트르가 나의 의견들을 체계화시킨 사람으로 보였다."[61]라고 할 정도였다. 사르트르의 책 『존재와 무』(1943)는, 무리하게 해석하자면 곰브로비치가 다른 주제들을, 즉 형식의 변형을, 인간은 결코 자신인 것이 아니라 자신이 아닌 것이라는 사실을 덜 체계적인 방식이기는 하지만 실제로 다룬다. 다시 말하자면 "『페르디두르케』(1937)는 골수에 이르기까지 철저하게 실존적이다. 왜냐

---

60 P. Sanavio, *Gombrowicz : la forma e il rito, op. cit.,* pp. 22 et 24. (원주)

61 W. Gombrowicz, *Testament : Entretiens avec Dominique de Roux,* p. 172. (원주)

하면 이 책에는 존재, 자기 창조, 자유, 고뇌, 부조리, 무無···
등 거의 모든 위대한 실존적 주제가 울려 퍼지고, 그것도 **최
고로** 울려 퍼지고, 있기 때문이다. 그런데도, 실존주의 교리
의 그토록 전형적인 영역, 즉 인간 삶의 모든 **영역**에서는 다
음과 같은 차이점이 있다. 다시 말해서 하이데거의 진부하
고 진실된 삶, 키르케고르의 미학적, 윤리적 그리고 종교적
삶, 야스퍼스의 **영역들**에 또 다른 **영역**인 미성숙의 영역이
추가되어 있다. 이 영역, 아니 오히려 이 새로운 **범주**는 실
존주의에 대한 나의 사적인 실존의 기여이다. 솔직히 말하
자면, 이것이 바로 내가 고전적 실존주의와 가장 거리를 두
는 부분이다. 키르케고르에게는, 사르트르에게는, 인식의
깊이가 더 깊을수록 존재의 진정성은 더욱더 커지게 된다.
그들은 당신이 갖고 있는 인식의 강도에 따라 경험의 진정
성을 측정하고 있다. 하지만 인간으로서 우리의 자질이 정
말 인식에 기반하고 있을까? 오히려 우리의 인식, 즉 극단
적으로 제한된 인식은 인간 사이의 노력과 상호 개선의 오
랜 과정, 한 철학자가 다른 철학자에게 강요하는 것, 그렇
다, 즉 우리가 아닌 우리 사이에서 형성되는 것이 아닌가?
자신의 사생활에서, 인간은 유치하지 않은가? 게다가 언제
나 자신의 양심보다 더 아래에 있지 않은가? 다른 관점에
서 보자면 인간이 느끼는 인식이란 오히려 이질적이고, 강

요되고, 비본질적이지 않은가?"[62]

하지만, 곰브로비치는 특히 『일기』에서, 사르트르가 인간이 (심지어 **상황에 처해서조차**) 자유롭게 선택할 수 있다고 생각할 때 자유의 문제를 이해하지 못했다고 사르트르를 비난하면서 다음과 같은 논쟁을 벌인다. "우리가 자유롭다고 우리를 설득하려고 하는가? 자유로운 우리가 질병과 악덕과 정년에 목까지 잠긴 희생자이고, 순교자이고, 노예가 되어 항상 일을 강요당하고, 항상 두려워하고, 항상 당황하고, 항상 바쁘다는 것인가? 새벽부터 밤늦게까지 우리는 노예와 같은 가장 무시무시한 속박 상태에 있는데, 그런데 우리에게 자유에 관해 말하는가… […] 고통에 직면한 우리가 자유의 근본적인 가능성을 담지하고 있다고 말하는 것은 […] 내 생각에는 이 단어의 의미를 완전히 지우는 것이다. 고통을 받는다는 것은 내가 거부하는 상태이자 정확히 내가 고통을 느끼는 것이다."[63]

곰브로비치는 개별적individuelle 인식이란 존재하지 않으며, 그것은 도덕적으로 자유롭다고 강력하게 주장한다. 그는 카뮈의 『반항하는 인간』을 공격하면서 그렇게 주장

---

62 W. Gombrowicz, *Journal 1953~1956*, trad. par Allan Kosko, Bourgois, Paris, 1981, p. 323. (원주)

63 W. Gombrowicz, *Journal 1953~1956*, p. 79. (원주)

한다. "나에게 우주의 구원과 관련해 개별적 인식을 의미하는 인식은, 카뮈에게 그것과 같은 동일한 힘을 갖지는 못한다. 우리는 인식이 거의 아무런 영향도 미치지 못한다는 것을 매 순간마다 볼 수 있지 않은가? 인간이 고문하거나 죽일 권리가 있다고 스스로 확신했기 때문에 그렇게 하는 것일까? 그는 다른 사람이 죽이기 때문에 죽이는 것이다. 그는 다른 사람이 고문하기 때문에 고문하는 것이다. 가장 잔혹한 행위는 그 행위로 이어지는 길이 정식으로 (떡하니) 표시되어 있을 때 쉬워지는 법이다. 따라서 강제 수용소에서는 죽음으로의 오솔길이 너무나 완벽하게 표시되어 있었기 때문에, 자기 집에서라면 파리 한 마리도 죽일 수 없는 프티-부르주아가 이웃을 쉽사리 죽였던 것이다."[64]

실존주의에 대한 비판 속에는, 곰브로비치가 생애 말기에 행한 전통적인 의미에서의 철학에 대한 모든 비판이 이미 들어 있다. 철학은 삶을 살아가는 동시에 **삶을 설명할 수는 없다.** 그가 보기에 실존주의의 아포리아(논리적 난점)는 단지 실존을 넘어서도록 이끌고, 그리고 그저 존재의 가

64   Id., *Journal Paris-Berlin*, trad. par Allan Kosko, Bourgois, Paris, 1976, pp. 107~108. (원주)

능성에 대한 사변으로 향하도록 이끄는, 인간 조건에 대한 최대한의 자기 인식을 가정하는 것이다. (그런데) 곰브로비치는 구체적인 실존에 대한 어떤 철학에 머물러 있기를 원한다.

이런 의미에서 마르크스주의와의 친화력이 있다. 전쟁 이후 우리가 곰브로비치를 재발견하도록 이끈 그의 친구 콘스탄틴 젤렌스키는, 이 폴란드 작가가 그런 **용어가 존재하기도 전의** 마르크스주의/실존주의 절충주의자였다고 주장한다. "곰브로비치는 다른 사람들이 마르크스를 읽기도 전에 가장 큰 거짓말은 이데올로기의 거짓말이라는 것을 알게 되었고, 오늘날 그가 마르크스주의에 맞서 싸우는 것은 그것이 하나의 이데올로기로 변질되어 개방적이고 비옥한 현실의 장이 되기를 그쳤기 때문이다. 곰브로비치는 심지어 사람들이 키르케고르, 하이데거, 사르트르에 대해 이야기하는 것을 듣기도 전에 인간에게는 인간이 끊임없이 추구하는 것, 즉 그 어떤 문제의 본질이 아니라 실존이 중요하다는 것을 의미하는 것, 바로 그것을 추구하는 것 외에 다른 어떤 앎도 없다는 것을 알고 있었다."[65]

---

65   K. A. Jelenski, *Concours de circonstances, Institut littéraire, Paris, 1982*, p. 176. (원주)

마르크스주의와 실존주의는 첫째, **과학적으로** 찬란한 미래를 약속하면서, 거짓되게도 실현된 사회주의의 공포를 감추는 이데올로기가 되었으며, 둘째, 종종 절망에 빠져 첫째에 제시된 이데올로기의 노예가 되거나, **유행하는 사유**이자 아카데미에 유익한 순응적인 사유가 되었다. 바로 이러한 이유로 인해 마르크스주의와 실존주의는 키르케고르가 낸 **대로**大路에 연결되어 있는 곰브로비치의 근원적 비관주의를 만족시키지 못한다.

폴란드인으로서 곰브로비치는 카톨릭과 화해한다. 시인이자 비평가인 스타니슬라브 바란차크[66]가 지적했듯이, 곰브로비치는 폴란드 교회의 문화적 후진성을 지켜본 서원誓願한 무신론자이자 합리주의자였고("되풀이하건대, 나는 카톨릭에 적대적이지 않다. 단지 그것이 우리 문화에서 차지하는 기능에 적대적이다. 이는 어제오늘 일이 아니다."),[67] 좀 더 일반적으로는, 그는 신자들의 의심이 부족함을 불신했었다. 하지만 이것은 또한, 그가 실존적 절망 속에서 현대 카톨릭에 가까웠다고 느낀 이유이기도 하다. "나를 카톨릭에 가깝게 만드는 것은 우리의 본성에 내재된 지옥에 대한 카톨릭의

---

66   Stanislaw Baranczak, "La geialità dell'immaturo", *Micro-Mega*, n. 2, 1989, p. 90. (원주)

67   W. Gombrowicz, *Journal 1957~1960*, op. cit., p. 207. (원주)

예리한 지각,[68] 인간의 과도한 역동성에 대한 카톨릭의 두려움이다. [⋯] 인간에 대한 교회의 불신, 이것이 교회가 나를 매료시킨 것이다. 그리고 형식[69]에 대한 나의 불신, 형식을 포기하고 싶고, 그것, 그것은 **아직 내가 아니야**라고 말하고 싶은 나의 억제할 수 없는 욕망은 내 모든 생각과 함께하고, 내 모든 느낌과 동반하면서, 카톨릭 교리가 의도하는 것들과 동시에 발생한다. 교회는 사람을 두려워하고, 나도 사람을 두려워한다. 속세와 내세, 하늘과 땅을 대립시키는 교회는 내가 필수 불가결한 것으로 여기는 인간 고유의 본성으로부터 인간이 거리를 두게끔 시도한다. [⋯] 나에게 중요한 것은, 교회와 나 모두 인간의 나뉨을 주장한다는 것이다. 즉 교회는 신적 요소와 인간적 요소로 나는 삶과 의식

---

68 학자들은 '지각'으로 번역한다. 무엇인가를 알아서 깨닫는다는 의미가 명확하게 전해진다. 그러나 서양 철학, 특히 칸트 철학에서 perception은 안다는 의미, 깨닫는다는 의미가 들어있지 않다. 칸트 철학에서 perception은 생각이 없는, 아직 생각을 하지 않은, 즉 처리되지 못한 데이터를 의미한다. 그리고 칸트는 수용력을 가진 감성이 사고력을 가진 지성에게 감각 자료(즉 데이터)를 전달하는데 그것을 일컬어 perception이라 한다. '감지'라는 대안적인 번역어를 제시할 수 있겠다. – 옮긴이 주

69 플라톤의 이데아는 forme(형식)으로 옮긴다. 이는 플라톤이 말하는 이데아의 본질, 즉 완벽하고 절대적인 형식을 표현하기 때문이다. 그런데 아리스토텔레스의 '에이도스eidos'를 '형상'이라고 한다. 플라톤의 forme과 아리스토텔레스의 eidos는 같은 것으로 이해할 수 있다. 서양 철학에서 형식은 이데아이며, 사물의 완벽한 본성을 뜻한다. – 옮긴이 주

으로 나눈다." 곰브로비치는 카톨릭 활동가인 여동생 레나에게 보낸 편지에서[70] 실존적 필연성에 대한 응답으로서의 신앙의 가치를 인정했다. "…나는 모든 형식의 신앙, 심지어 가장 광신적인 형태조차 나름의 의미가 있다고 인정하며, 클로델[71]이나 레옹 블로이[72]와도 어느 정도 의견의 일치를 볼 수 있을 뿐 아니라, 나아가 공존도 가능하다고 생각한다. 우리가 지상에서 겪는 모험은 너무 환상적이기에, 가능한 해결의 방식 또한 무한하다. 오직 상상력과 지성이 결여된 사람들만이 단순한 이성에 만족할 뿐이다. [⋯] 나는 네가 신앙을 가졌다는 것이 진심으로 기쁘고, 어쨌든 그것이 인간의 (영적인) 권리에 속하고 비인간적인 자연의 법칙에 대한 그 권리의 우월성에 속하는 신앙이기 때문에 너의 신앙을 가장 크나큰 보물로 지키고 보존하라고 조언한다."
(1960년 3월 7일)

앞에서 언급한 이유 때문에, 곰브로비치는 시몬 베유[73]의 『중력과 은총』을 읽고 큰 충격을 받았다. 그는 베유의 책을 "현대 유럽에서 여전히 유효한 모든 종류의 윤리, 즉 카

---

70 *Gombrowicz, vaingt ans après*, Bourgois, Paris, 1989, pp. 305 ss. (원주)

71 P. Claudel(1868~1955). 프랑스의 극작가, 시인, 수필가, 외교관이며 아카데미 프랑세즈 회원. 조각가 카미유 클로델의 동생. ‒ 옮긴이 주

72 Léon Bloy(1846~1917). 프랑스의 소설가, 수필가, 논쟁가. ‒ 옮긴이 주

톨릭, 마르크스주의, 실존주의 윤리"의 총합이라고 정의했다.[74] 시몬 베유라는 인물을 통해 곰브로비치는 자신의 신, 구체적인 신, 하지만 자신에게는 속하지 않는 신의 존재를 느낀다. "[…] 추상적인 신이란 내게는 이해할 수 없는 말이다. (그렇다면) 아리스토텔레스, 토마스 아퀴나스, 데카르트 혹은 칸트의 이성적인 신은? (그들의 신이라고 해서 나을까?) 키르케고르의 자손인 우리는 더 이상 그것(추상적인, 이성적인 신)을 이해하지 못한다. 내 세대에 속하는 사람들과 추상 사이의 관계는 결국 완전히 망가져 버렸고, 게다가 대략 풉

---

73 Simone Weil(1906~1943). *La Pesanteur et la Grâce*(1947) : 좌파/기독교 신비주의자, 전쟁에 반대하고 약자들을 위해 투쟁했던 운동가/유토피아와 혁명의 비전을 거부하고 '수난'에 주목했던 사상가, 광신적 금욕주의자/모든 아웃사이더들의 수호성인. 일직선상에 놓기 힘든, 일견 모순적으로 보이는 수식어들로 호명되어 온, 프랑스의 철학 교사이자 노동운동가, 사상가 시몬 베유의 대표작 『중력과 은총』은 그녀의 사후, 사상가 귀스타브 티봉이 베유가 맡겨 둔 열 권이 넘는 공책 중에서 단장들을 고르고 각 장에 제목을 달아서 출간한 것이다. 밑으로 끌어내리는 중력에 맡겨진 인간의 불행과 초자연의 빛인 은총을 통한 구원이라는 기독교적인 주제에서 출발하는 이 책은, 베유의 독특한 신학을 아포리즘적인 문장 속에 담아내고, 모든 인간이 처한 근본적 삶의 조건을 파헤친 인간 탐구의 기록이라고 말할 수 있다. 이는 "죄가 많은 곳에 은총이 넘친다."라는 기독교적 구원관을 잇는 것이기도 하지만, 종교적 수상록이라기보다는 기독교적 비극성에서 출발하여 모든 인간이 처한 근본적 삶의 조건을 파헤친 인간 탐구의 기록이라고 말할 수 있다. (– 옮긴이 주. 『중력과 은총』 소개 글 참조.)

74 W. Gombrowicz, *Journal 1953-1956*, p. 311. (원주)

위 없게되었다. 그렇다. 우리는 오늘날 추상에 대해 천박한 사람의 전형적인 불신을 보인다. 그리고 내가 살고 있는 20세기의 높은 곳에서 바라보면 형이상학적 변증법은 과거의 훌륭한 — 농담 좋아하고, 사람 좋았던 칸트[75]— 부르주아들보다 내게는 더 중요하지 않은 것같다…."[76] 시몬 베유는 자신의 신앙에 대해 놀랍도록 감탄했지만, 곰브로비치는 자신의 신앙에 대해 마음 한 구석으로는 **살짝** 만족하는정도였고 게다가 그렇다는 것을 솔직하게 인정한다. "신을 믿느냐고? 그것이 문제가 아니다. 신을 사랑하는 것이 문제다. 시몬 베유는 **신자**信者는 아니지만 사랑에 **빠진** 여인이다. 신이 내 삶에서, 단 오 분이라도 필요했던 적은 없다. 미숙한 아이였을 때부터 그랬다. 나는 항상 나 자신만으로 충분했다. 만일 내가 지금 […] **사랑에 빠지게** 된다면, 내 사랑은 지금 내 위에서 (짓누르듯) 굳게 닫히고 있는 압도적인 둥근 천장 아래서 태어날 것이다. 그것은 고문으로 인해 터져나온 부르짖음, 예상치 못한 외침일 것이다."[77]

곰브로비치의 철학적 사유는 1953년부터 1969년 사이에 쓴 수천 쪽에 달하는 그의 『일기Dziennik』에 드러나 있다.[78]

---

75   Le bonhomme Kant, un beau fumiste.‒ 옮긴이 주

76   W. Gombrowicz, *Journal 1953~1956*, p. 306. (원주)

77   W. Gombrowicz, *Journal 1953-1956*, p. 274. (원주)

곰브로비치는 명시적으로 다음과 같이 선언할 정도로 그 행위(일기를 적는 것이 철학적 사유를 적는 것이라는 것)를 인식하고 있었다. "나는 내가 여러 권으로 이루어진 하나의 철학 작품의 저자라고 믿기 시작한다."[79] 일기의 파편적 형식은 이 폴란드 작가에게, 심지어 무질서 속에서 그리고 불가피하게도 모순적인 방식으로, 거의 표현 불가능한 어떤 질료를 유기적인 것으로 만들도록 해준다. 그 결과 몽테뉴의 『에세Essais』와 같은 매우 독특한 철학적인 작품이 탄생한다. 이것은 수천 개의 작은 골짜기 속에서 길을 잃은 세계와 (서구의) 사유 체계의 위기를 성찰하는 **시도**이다. 곰브로비치는 **자아**의 상실, 세계에 대한 단일한 주관 원리로서의 **자아**의 죽음에 맞서려고 시도한다. 그렇기 때문에 곰브로비치의 『일기』는 **카오스**를 가두는 방법이자, 동시에 그것의 넘침에 대한 드라마틱한 기록이다. 그의 『일기』는 통찰력 있고 고통스러우며 지성적이고 실존적인 여정의 수행이다. 『일기』 여러 페이지에서 곰브로비치는 자신의 소설과 희곡에 담긴 주제를 발전시키고 명확하게 하면서 자신

---

78 『일기』 전체가 갈리마르 출판사에서 1995년에 2권으로 출간되었다. coll. Folio, nᵒˢ 2767과 2768. (원주) 곰브로비치 생전에 1966년까지 적은 3권으로 출간된 『일기』가 있고, 갈리마르 출판사에서 출간된 『일기』는 이후 1969년 사망할 때까지 적은 내용이 포함되어 있다.- 옮긴이 주

79 W. Gombrowicz, *Journal 1957~1960*, op. cit., p. 15. (원주)

이 할 수 있는 유일한 방식으로 자신의 철학을 온전히 표현한다. 이 폴란드 작가는 자신의 고유한 앎, 즉 다양한 것에 대한, 또 모순적인 것에 대한 앎을 당당하게 주장한다. 이는 고전적이고 아카데믹한 의미의 철학적 차원으로, 즉 완성된 시스템으로 환원될 수 없는 앎이다. 글쓰기에서나 사유에서나, 그의 문체는 니체와 쇼펜하우어에게서 영감받은 것이다. 어린 시절 철학과 문학 텍스트에서 배운 문체다.

  - "지성에 관한 한, 내가 이미 『순수이성비판』을 훑어본 것은 여섯 번째 학년(열다섯 살)에 불과했고, 그때부터 **선험적인** 종합 판단에 대해, 스펜서, 칸트, 쇼펜하우어, 니체, 셰익스피어, 괴테, 몽테뉴, 파스칼, 라블레 등에 대해 적어 놓은 노트를 갖고 있었습니다."
  - 그러한 독서에서 무엇을 찾고 계셨나요? 문체인가요?
  - 그래요, 근본적인 사유의 문체, 사물의 핵심을 꿰뚫는 감성의 문체입니다. 그리고 또한 독립성, 자유, 성실성, 그리고 아마 능숙함도 찾았을 것입니다."[80]

  곰브로비치의 문체는 간결한 영감, 거의 주제화되었다고

80　Id., *Testament, op. cit.*, p. 39. (원주)

도 할 수 없는, 직관으로 이루어진, 비체계적인 사유의 문체다. 비평가 보이치에흐 카르핀스키가 언급했듯이 곰브로비치는 그의 『일기』에서 『차라투스트라』의 황홀경에 빠진 창조자 니체도, 영원 회귀의 예찬자도, 『비극의 탄생』의 디오니소스적 철학자도, 『에케 호모』(『이사람을 보라』)나 『반그리스도』의 천재 작가도 떠오르게 하지 않는다. 그는 니체의 비평의 정수(라 할 수 있는) 『즐거운 지식』에 딱 어울리는 계승자이다. 회의적인 바로 그 니체, 우상을 먼지로 만들고, 웃고 춤추는 사람.[81] 곰브로비치가 『일기』 몇 쪽에 걸쳐 다음과 같이 적었을 때, 우리가 발견하게 되는 것이 바로 그러한 니체이다. "절망 속에서 손을 쥐어짜고 있을 때도 예술 안에는 승리의 무언가가 있다. 헤겔은? 헤겔은 우리와 공통점이 별로 없다. 왜냐하면 우리는 춤을 추고 있기에."[82]

아이러니란 곰브로비치가 철학에 접근하는 독특한 방식이다. 이것이 『6시간 15분 철학 강의』의 일반적인 어조다. ("나는 마르크스주의에 15분을 할애하겠다.") 곰브로비치는 문학과 마찬가지로 **아카데미시엥**(플라톤주의자, 학자, 강단 철학자)의 전유물이 되어 버린 철학을 공개적으로 비판한

---

81 W. Karpinski, *Ces livres de grand chemin*, Ed. Noir sur Blanc, Montricher (Suisse), 1992, p. 137. (원주)

82 W. Gombrowicz, *Journal 1953~1956*, op. cit., p. 174. (원주)

다. 어찌 되었든, 그는 문학이 철학이나 과학보다 우월하다고 생각한다. 그 이유는 문학이 (살과 뼈로 이루어진) 살아 있는 인간의 목소리, 즉 개인의 목소리라고 생각하기 때문이다. 철학은 형식의 유희이며, 체계화이다. (그런) 철학은 삶에 도움이 되지 않는다. 그런 철학은 삶과 거리가 멀고, **에로틱하지** 않다. "나는 에로틱하지 않은 어떤 철학을 믿지 않는다. 나는 사유가 섹스에서 벗어날 때 그것을 믿지 않는다…. 물론 당연한 말이지만 육체에 초연하지 않고서 헤겔의 **논리학**을 생각하기는 어렵다. 그러나 순수 지성은 육체로, 섹스로, **에로스로** 다시 녹아들어야 하며, 예술은 철학에 유혹을 추가해야 한다. 지성은 우리에게 예술이 결정적이라는 확신을 받아 적게 만들며, 예술 작업은 이러한 확신 없이는 불가능할 것이다. 하지만 그 예술 활동의 결과들은 삶에서 재현될 수 있을 것이며, 다른 정신의 소유자에 의해, 다른 관점에서 포착될 수 있을 것이다. 예술가의 정신은 여전히 사상가의 정신에 유용할 수 있다. [⋯] 욕망하는 남자의 시선이 욕망하는 여자의 시선 속으로 파고드는 바로 이곳에서, 그 어떤 다른 절대(절대자, 사랑, 신, 완전무결한 것)를 찾아야 한단 말인가?"[83]

---

83 Id., *Journal 1957~1961*, op. cit., pp. 246~247. (원주)

곰브로비치는 말년에 이르러 철학은 별 쓸모가 없다는 (그뿐만 아니라, 삶에 유용하지 않다는) 결론에 도달했고, 추상적 사고에 대한 그의 혐오감은 더 강해졌다. "과학적 진리에 대한 과장된 존중이 결국 우리 자신의 진리를 가리고 말았다. 다시 말해, 우리가 현실을 이해하고자 너무 강렬하게 바람으로써, 우리의 사명이 현실을 이해하는 것이 아니라 그것을 표현하는 것임을 망각했다. […] 우리는 사유 속에서가 아니라 사람들 속에서 우리 자신을 깨닫는 것이다. 사람, 우리는 바로 사람이고, 계속 사람이어야 한다. 점점 더 추상적인 세상에서 인간의 살아 있는 말이 그 힘을 잃지 않도록 밤새워 지키는 것이 우리의 몫이다."[84]

비평가 파윌 베이린은 다음과 같이 매우 적절하게 적었다. "곰브로비치는 자신이 다른 사람에게서, 석양에서, 암소에서 그리고 자기 작품을 비평하는 사람들에게서 찾는 동일한 것을 철학에서 찾는다. 다시 말해, 세계에 대한 예술적인 비전, 이 비전을 구체적인 것으로 만드는 형식의 여러 요소를 찾는다. 이것은 그가 선택하여 언급하는 철학자들과 그 철학자들의 무엇이 그의 관심을 받는지에서 확인할 수 있다. 헤겔에서는 순수 변증법일 것이고, 후설에서는

---

84   Id., *Journal 1953~1956*, op. cit., pp. 156~157. (원주)

에포케(판단중지, 괄호에 넣기)일 것이며, 사르트르에서는 자유의 개념, 마르크스에서는 화신의 힘(현현의 힘)일 것이다. 그런데 이와 동시에 그는 그 자체로서의 시스템들을 경멸한다. 그는 교수들의 도덕을 비웃는다. 그 이유는 세계에 대한 그의 고유한 예술적 관점이 모든 체계화를 거부하기 때문이다. 이것이 바로 작가로서, 그리고 사상가로서 곰브로비치가 가진 이율배반(모순)[85]의 근원이다. 다시 말해 그는 철학을 살고자 원하지만, 삶을 철학화하는 대가를 치러야만 그렇게 할 수 있다."[86]

만일 구조주의에 관한 강의를 준비하고 있었던 때에 죽음으로 인해 중단되지 않았더라면[87] 아마도 그의 이 '철학 강의'의 결론이 되었을지도 모를 글을, 1966년 10월, 곰브로비치는 생전에 출간한 『일기』의 마지막 몇 쪽에 매우 냉소적이고 씁쓸한 방식으로 적어 놓았다.

"우리 시대의 근본적인 문제는, 즉 서구의 에피스테메(인식 체계) 전체를 완전히 지배하고 있는 문제는 […] 다음

---

85 칸트 철학에서 순수이성 법칙 사이의 이율배반을 말함. - 옮긴이 주

86 P. Beylin, 《Authenticité et Kitsch》 in *Cahier Gombrowicz*, p. 426. (원주)

87 곰브로비치는 아내 리타와 도미니크 드 루가 작성한 자신의 '철학 강의' 노트를 다시 읽어보지 못하고 사망했다. (원주)

과 같이 말할 수 있다. 더 많이 배울수록, 더 어리석어진다."[88]

프란체스코 마테오 카탈루치오[89]

비톨트 곰브로비치 연보

출처: https://www.witoldgombrowicz.com/fr/wgbio/breve-biographie-wg

1904년   **출생.** 본명 비톨트 마리안 곰브로비치는 바르
샤바에서 남쪽으로 200킬로미터 떨어진 마워
시체에 위치한 아버지 얀 오누프리 곰브로비치
의 영지領地에서 귀족 가문의 막내로 태어남.

1916년   **학업.** 바르샤바의 세인트 스타니슬라스-코스트
카 카톨릭 학교에서 수학.

1923년   **바칼로레아.** 바르샤바 대학교에 입학하여 법학
을 전공.

1926년   **법학사.** 법학과 졸업은 1927년 10월 4일.

1928년   **피레네 체류.** 프랑스 파리와 피레네 산맥에서
몇 달을 보냈음. 폴란드로 돌아와 바르샤바 법
원에서 비서로 수습 기간을 보냄.

1930년   **바르샤바.** 라돔 법원은 그의 지원을 거절했고,
그는 변호사로서의 경력을 포기함. 이 무렵 바
르샤바의 문학 카페에 빈번하게 출입.

1933년	데뷔. 첫 단편집 『미성숙한 시절의 회고록 Pamiętnik z okresu dojrzewania』이 바르샤바 로즈 출판사에서 출간. 바르샤바의 몇몇 언론에 기사를 쓰기 시작함. 12월, 아버지 얀 오누프리 곰브로비치 사망. 첫 희곡 「이보나, 부르군드의 공주Yvonne, princesse de Bourgogne」 집필 시작.
1937년	『페르디두르케Ferdydurke』. 첫 장편소설이 바르샤바 로즈 출판사에서 출간.
1938년	첫 희곡. 「이보나, 부르군드의 공주」가 바르샤바의 『스카만데르』 잡지에 발표됨. 이탈리아와 오스트리아 여행.
1939년	『악령 들린 사람들Les Envoutés』. 폴란드 신문 두 곳에 연재물로 실림.(이 작품은 1973년까지 단행본으로 출간되지는 않았고, 이후에 발견된 두 개의 에피소드가 포함된 완결판이 1990년에 출간됨.) 7월 29일 : 대서양 횡단 여객선 크로브리 호의 초대를 받아 승선하여 8월 20일에 아르헨티나에 도착. 전쟁이 임박하자 그는 부에노스아이레스에 머물기로 결정함. 필명으로 잡지에 몇 편의 글을 발표하며 가난하게 망명 첫해를 보냄.

1946년	「결혼식Le Mariage」, 『대서양 횡단선Trans-Atlantique』. 부에노스아이레스 카페 렉스의 친구들과 함께 『페르디두르케』 스페인어 번역에 착수하고 부에노스아이레스의 아르고스 출판사에서 출간하기로 함. 희곡 「결혼식」을 집필하고, 부에노스아이레스를 배경으로 한 『대서양 횡단선』 집필 시작.
1947년	『페르디두르케』. 아르헨티나 부에노스아이레스에서 스페인어로 처음 번역·출간됨. 이 스페인어판은 비르힐리오 피녜라가 주도하는 번역위원회와 함께 곰브로비치가 직접 참여해 작업.
1948년	「결혼식」. 곰브로비치가 아르헨티나에 거주하던 시기 친구인 알레한드로 루소비치와 공동번역으로 부에노스아이레스에서 처음 스페인어판이 출간됨. 출판은 세실리아 베네디트 데 베네데티의 재정 지원을 받아 이루어짐.
1951년	『쿨투라』. 파리 인근 메종-라피트에 위치한 예지 지에드로익 문학연구소에서 발간하는 잡지 『쿨투라』와 연결됨. 이 잡지에 『대서양 횡단선』의 소개와 발췌본, 몇몇 논쟁적인 글과 일기의

일부를 발표함. 『쿨투라』는 폴란드 이민자 문화의 중심으로서, 폴란드어로 된 곰브로비치 작품의 주요 출판사가 되어 그의 문학적 생존을 보장하게 됨.

1953년   『대서양 횡단선』. 소설 『대서양 횡단선』과 희곡 「결혼식」을 한 권에 모아 문학연구소의 [비블리오테카 쿨투라] 컬렉션이 시작됨. 이 컬렉션에서 체슬라브 밀로즈의 작품이 출간되었고, 이후 조지 오웰, 아서 쾨스틀러, 레몽 아롱, 알베르 카뮈, 시몬 베유 등의 번역 작품이 출간.
유럽에서는 프랑스어 잡지 『프뢰브』에 프랑수아 봉디가 『페르디두르케』에 대한 첫 번째 리뷰와 더불어 콘스탄틴 젤렌스키가 프랑스어로 번역하고 소개한 『대서양 횡단선』에서 발췌한 내용을 소개함.

1955년   라디오 프리 유럽Radio Free Europe. 은행을 그만둠. 이후 인세와 몇몇 친구들의 도움과 뮌헨의 라디오 프리 유럽으로부터 받는 적은 수입으로 생계를 꾸림. 라디오 프리 유럽에 1959년부터 1961년까지 글을 기고했고, 이 글은 그의 사후에 『폴란드에 대한 추억과 아르헨티나 여행Wspomnienia polskie i wędrówki po Argentynie』
으로 출간됨.

1957년   『일기』. 파리의 문학연구소Institut littéraire에서
그의 『일기』 첫 번째 권(1953~1956)을 폴란드어
로 출판.『페르디두르케』,『대서양 횡단선』,「결
혼식」,「이보나, 부르군드의 공주」가 전후 처음
으로 폴란드에서 출간됨.『미성숙한 시절의 회
고록』의 증보판이 『바카카이Bakakaï』라는 제목
으로 출간. 짧은 정치적 해빙기가 다음 해에 끝
났고, 그의 작품은 1986년까지 출판이 금지됨.

1958년   『페르디두르케』가 유럽에서 최초로 출판됨. 줄
리아르 출판사에서 모리스 나도가 주도하는
「레 레트르 누벨로Les Lettres nouvelles」 총서에
포함되어 프랑스어로 번역됨.

1960년   폴란드어로 출간된 『포르노그라피아Porno
graphie』. 문학연구소에서 출판. 세 번째 장편소
설.

1962년   『일기』 2권. 문학연구소에서 그의 『일기』 2권
(1957~1961)을 출간.

1963년   베를린. 4월 8일, 곰브로비치는 페데리코 코스
타호에 승선. 다시는 라틴아메리카로 돌아가지

않음. 4월 23일, 파리에 도착.

5월 16일, 포드 재단과 베를린 상원의 초청으로 서베를린에 도착해서 1년간 체류.

1964년　청년극단상Prix Jeunes Compagnies. 1월 7일, 호르헤 라벨리가 연출한, 청년극단상을 수상한 「결혼식」이 파리의 레카미에 극장에서 초연됨. 이로써 곰브로비치의 명망 있는 연극 경력이 시작됨. 그의 극작품들이 유럽 전역에서 계속 무대에 오름.

5월 17일. 서베를린을 떠나 프랑스로 감. 파리 인근 로요몽에 위치한 '작가들의 집'에 머무름. 10월 25일, 캐나다 출신의 젊은 박사학위 준비생 리타 라브로스와 함께 남프랑스의 방스에 정착하여 죽을 때까지 머무름.

1966년　『일기』 3권. 문학연구소에서 「오페레타」가 수록된 『일기』 3권(1961~1966)을 폴란드어로 출간.

1967년　국제출판인상Prix international des éditeurs. 일명 포르멘토르상. 매년 마요르카섬의 포르멘토르에서 13개국 출판인들이 공동 수여하는 국제 문학상. 여러 외국어로 번역되며 국제적 명성을 쌓은 그의 작품에 상을 부여함.(프랑스어, 독

일어, 이탈리아어, 영어, 스웨덴어, 네덜란드어, 일본어)

11월. 문학연구소에서 「오페레타」 폴란드어판 출간.

1968년   **대담.** 비톨트 곰브로비치와 프랑스인 도미니크 드 루의 프랑스어 대담집이 파리 피에르 벨퐁 드 출판사에서 『비톨트 곰브로비치와의 대담』으로 출간. (이 텍스트는 비톨트 곰브로비치가 핵심적인 내용을 작성하여 『유언. 도미니크 드 루와의 대담』이라는 제목으로 다시 출간될 것임.)

12월. 5년 전부터 함께 지낸 리타 라브로스와 결혼.

1969년   **프랑스 방스에서 호흡부전으로 사망.** 문학연구소에서 『도미니크 드 루와의 대담』 폴란드어판 출간. 2000년에 문학연구소의 총서가 중단될 때까지 발간된 512권의 책들에는 곰브로비치의 전 작품이 여러 차례 재출간되었음.

7월 22일. 곰브로비치는 텔레비전을 통해 인간이 달에 첫발을 내딛는 모습을 보고 매료됨.

7월 24일. 호흡 부전으로 방스에서 사망.

옮긴이의 말

20세기 '프랑스 문학'을 전공한 나는 '아주 이상한' 일이지만 문학 작품뿐만 아니라 철학서에도 관심을 갖고 있다. 프랑스에서건 한국에서건, 문학의 풍토는 철학에 깊은 관심을 보였다고 생각했다. 21세기인 지금도 그러한지는 애석하게도 잘 모르겠다. 그런데 마침 신북스와의 만남이 마치 '우연은 비켜 가지 않는다'는 줄리언 반스의 소설 제목처럼 곰브로비치의 이 책 『6시간 15분 철학 강의』로 나를 이끌었다.

1969년에 남프랑스의 방스에서 삶을 마감한 폴란드 출신의 작가 곰브로비치가 생애 마지막 한 달가량 아내와 친구들에게 프랑스어로 들려준 철학 이야기를, 우연하게도 그 해에 태어난 내가 읽게 되었다.

『6시간 15분 철학 강의』는 첫 번째 강의부터 다섯 번째 강의까지는 각각 하루에 진행되었고, 여섯 번째 강의는 여드레에 걸쳐 진행되었다 1969년 5월 25일 미완성 상태의 마지막 강의가 있었고, 약 두 달 후인 7월 24일 곰브로비치는 영면에 들었는데, 이 책의 제목은 여섯 번의 강의 전체에 걸린 시간이 6시간 15분이라는 의미이다. 병마와 사투를 벌이던 곰브로비치가 강의에 할애할 수 있었던 시간은 애석하게도 6시간 15분이라는 짧은 물리적 시간으로 합산되었을 뿐이지만, 그의 강의가 가능했던 것은 당연하게도 평생에 걸친 길고도, 역시나 짧을 수도 있을 '시간'이 필요했을 것이다. 시간의 상대성이겠다 싶다.

곰브로비치의 작품은 우리말로 네 권이 번역되어 있고, 이 『6시간 15분 철학 강의』가 다섯 번째 작품이다.이 책에 앞서 출간된 우리말 번역본은 『페르디두르케』, 『포르노그라피아』, 『이보나, 부르군드의 공주/결혼식/오페레타』, 『코스모스』 등이다. 그는 모더니즘 시대의 대표적인 소설가, 희곡 작가인 동시에 포스트모더니즘 시대를 예견한 선구자였다고 하며 아울러 "고전적 현대 작가"라고 평가받기도 한다.

이 『6시간 15분 철학 강의』의 「해제」에서 각주로 소개된 사나비오P. Sanavio의 글에 따르면, 일찍이 곰브로비치는 "문학이란 아마도 다른 모든 예술 장르를 통틀어 가장 열려 있고, 가장 자유로운 장르일 것이다. 문학 속에서는 모든 것을 할 수 있다."고 단언했는데, 그의 이러한 문학관을 우리는 근대 철학자와 철학을 다루고 있는 『6시간 15분 철학 강의』에서도 발견할 수 있다.

그런데, 곰브로비치는 6시간 15분 강의에서 15분을 마르크스에게 할애한다고 했는데, 이것은 무슨 의미일까? 많이 할애한다는 것인가? 대충 짧게 다루겠다는 것인가? 마르크스와 관련된 강의는 여섯 번째 강의에 속해 있으면서 날짜는 1969년 5월 12일 하루 동안 진행되었다. 원서로는 14페이지에 해당하며, 같은 날 후반에 니체에 관한 강의가 약 5페이지 정도 첨가되어 있다. 우선은, 마르크스에 대해서는 절대로 15분에 강의할 분량이 아닌데 곰브로비치가 아이러니한 태도를 부각하는 것으로 이해하는 것이 어떨까 싶다.

1933년에 출간된 첫 단편집 『미성숙한 시절의 회고록 』의 제목에서도 드러나듯 미성숙과 유치함은 곰브로비치가 일평생 집착했던 주제였다. 그는 그 주제 속에서 인간 본연의 솔직함과 고정되지 않은 무한한 가능성을 발견했고, 이후 여러 작품을 통해 그 주제를 반어적이고 잔인할 정도로 과감하고 노골적으로 천착했다.

평생 모든 작품을 오직 폴란드어로만 집필했다고 하는

곰브로비치의 작품 중에서 이 『6시간 15분 철학 강의』는 조금 예외적이다. 이 강의는 프랑스어로 진행되었고, 친구 드 루는 '학생을 자처하여' 강의를 직접 듣고 그 내용을 곰브로비치의 아내 리타와 함께 좀 더 잘 읽힐 수 있는 강의록으로 다듬었다. 그러니 처음부터 프랑스어로 진행되었고 프랑스어로 작성된 것이다. 그리고 최초의 강의 원고 자체는 곰브로비치가 직접 작성했을 것이다. 이 철학 강의가 곰브로비치에게는 병에서 눈을 돌려 부수적으로는 생명을 조금 더 연장시키고, 덕분에 '죽음을 담담히 받아들이도록' 인생을 정리하는 강의였을 것으로 생각된다.

학생은 훌륭한 스승을 만나야 차후에 스스로 훌륭한 학생이 되고, 또 그래야 후에 훌륭한 스승 될 가능성이 커지는 것이 아닌가 생각된다. 배우기를 그친다면 학생일 수도 스승이 될 수도 없다. 곰브로비치의 『일기』는 아직 우리말로 번역되지 않았지만, 아마도 『일기』에 적힌 '평생에 걸친 그'를 독자들이 읽게 된다면 많은 사람들이 곰브로비치를 스승으로 여기에 될 것이라 생각된다.

그는 "『일기』에서 통찰력 있고 고통스러우며 지성적이고 실존적인 여정을 수행한다. 그는 자신의 소설과 희곡에 담긴 주제를 발전시키고 명확하게 하면서 자신이 할 수 있는 유일한 방식으로 자신의 철학을 온전히 표현한다."

곰브로비치는 "철학을 전혀 이해하지 못하기 때문에 철학을 허튼소리라고 여기는 무지한 자들"을 "물렁한 정신의 소유자들"이며 "자신의 배꼽만 바라보는 에고이스트"라고 평한다. 그는 "철학을 공부해야 하는지 말아야 하는지 묻는 것은 있을 수 없는 일"이라고 했다. 우리가 철학을 하는 것은 "의무적인" 것이고 "불가항력"이라고도 했다. 우리의 의식이 질문을 던지기 때문이다. 그러니 우리는 그 질문을 해결하려고 노력해야 한다. 이 때문에 곰브로비치뿐만 아니라 우리 모두에게 "철학은 마땅한 어떤 것"이다. 그리고 나로서는 우연하게도 '프랑스 문학'을 전공한 것이 그 의무적이고 불가항력과 같은 백신을 미리 접종한 것으로도 생각되었다.

하지만 곰브로비치는 이러한 당부도 잊지 않았다. "더 많이 배울수록, 더 어리석어진다."

곰브로비치의 『6시간 15분 철학 강의』를 우리말로 옮기면서, 그가 다룬 철학자들과 철학 용어에 대해, 나는 지난겨울 이사하면서 많은 분량을 덜어 낸 서재 겸 군에 간 아들 방 책장에서 우연히 발견하여 읽은 다음 두 권의 책을 참조하였고, '옮긴이 주'를 작성하는 데 많은 부분에서 도움이 되었다는 것을 일러두며, 이 두 책의 역자와 저자께 감사의 말씀을 전한다. 그 책들은 『고로, 철학한다』(저부제 지음, 허유경 옮김, 시대의창, 2017)와 『괘씸한 철학 번역』(코디정 지음, 이소노미아, 2023)이다. 다만, '옮긴이 주'에 이 두 권의 책에서 참고한 부분에 대한 상세한 페이지를 별도로 적지는 않았다.

신북스의 임종세 대표님께, 특히 이 책을 알아보고 출판하기로 하고 기다려 준 또 한 분 강신덕 대표님께도 감사드린다. 아울러 이 책의 편집자 조윤형 선생님께 감사의 말씀을 드린다.

헛헛한 시간에 동무가 되어 주고 어리숙한 말에도 귀 기울여 들어 준 고려대 불문과 김준현 선생님께 늘 고맙다는 마음을 전한다. 아내에게도, 곧 상병이 되는 듬직한 성곤, 여전히 꼬마로 보이지만 곧 고딩인 성은에게 사랑을 전한다.

아무려나 가을은 철학 하기 좋은 계절이고, 유럽이나 한국이나 유난히 뜨거웠던 여름을 보내고 올해의 추분은 마침 오늘이고, 이렇게 한 삶도 '허송세월'도 뜨겁고 시원하게 만난다.

2024년 9월 22일, 일요일,
일몰을 딱 1시간 남기고
김용석

지은이

비톨트 곰브로비치

저자 비톨트 곰브로비치는 1904년 폴란드에서 태어나, 1939년부터 제2차 세계 대전으로 인해 아르헨티나에 오랜 기간 체류하다, 1963년 유럽으로 돌아와서 베를린, 파리 근교를 거쳐, 1964년 방스에 정착하고, 1969년 그곳에서 사망한 폴란드를 대표하는 작가이다.

사족을 없애면 이렇다. '작가 곰브로비치(1904~1969)'

옮긴이

김용석

옮긴이 김용석은 곰브로비치가 사망한 1969년에 태어나 아직은 살아 있다. 외대 불어과를 졸업하고 동 대학원에서 조르주 페렉으로 석사학위를, 알베르 카뮈로 박사학위를 받았다. 현재 외대 외국어 교육학부(프랑스어 교육 전공) 초빙 교수로 있다. 옮긴 책으로『파리의 한 장소를 소진시키려는 시도』(조르주 페렉),『나는 흑인이다 나는 흑인으로 남을 것이다』(에메 세제르),『이방인』(알베르 카뮈),『사르트르와 카뮈』,『캉디드 혹은 낙관주의』(볼테르),『현자에게는 고정관념이 없다』(프랑수아 줄리앙),『잘난 척하는 철학자를 구워 삶는 29가지 방법』,『그리스도 철학자』(프레데리크 르누아르),『아리스토텔레스의 수사학 3』(아리스토텔레스),『알파벳의 신비』등이 있다.

이 또한 사족을 없애면 '옮긴이 김용석(1969~)'이다.

223

6시간 15분 철학강의

초판 1쇄 인쇄 2025년 5월 14일
초판 1쇄 발행 2025년 5월 21일

옮긴이 김용석
펴낸곳 신북스
펴낸이 강신덕, 임종세

출판등록 제2023-000115호
주소 서울특별시 용산구 한강대로80길 21-9 남영빌딩 1동 2층 205호
전화 070-4300-2824
팩스 0504-326-2880
이메일 spysick@shinbooks.com
홈페이지 www.shinbooks.com

편집 조윤형
디자인 임경선
인쇄·제책 영신사

값 19,000 원
ISBN 979-11-968692-6-7 (03160)